Lucette Houblain
Institutrice

Raymond Vincent
Inspecteur

J'apprends à lire avec Daniel et Valérie

Nouvelle édition revue par

Valérie Paturaud
Professeur des écoles

Brigitte de Sagazan
Psychomotricienne

Illustrations de Nina Morel* et Ema De Castro

Pour bien utiliser Daniel et Valérie

J'apprends à lire avec Daniel et Valérie est une méthode claire, efficace qui a permis à des millions d'enfants d'apprendre à lire et à écrire. Elle peut parfaitement être utilisée parallèlement à toutes les autres méthodes employées dans les écoles.

La présente édition tient compte du vocabulaire des enfants d'aujourd'hui ainsi que des nouveaux programmes de l'Éducation nationale.

Le cahier d'exercices Daniel et Valérie complète la méthode de lecture.

Vous trouverez ici tous les conseils nécessaires pour la mise en pratique de cette méthode. Lisez-les attentivement.

■ N'allez pas trop vite !

Apprendre à lire et à écrire en français demande du temps et de la patience. La langue française est en effet assez difficile comparée à d'autres langues. Pourquoi ? Parce qu'à un même son peuvent correspondre des écritures très différentes. Par exemple le son « o » peut s'écrire *o, au, eau*... Inversement, une même lettre peut être prononcée différemment. Par exemple la lettre *s* se lit « s » dans *sac* mais « z » dans *rose*.
L'entraînement régulier mais léger est la base d'un apprentissage réussi. Il vaut mieux un quart d'heure détendu chaque jour qu'une heure quand « vous avez le temps ». À un rythme raisonnable, vous aborderez en moyenne **une leçon par semaine**.

■ Prévoyez le matériel nécessaire et de bonnes conditions de travail.

Il vous faut bien sûr le livre de lecture, le cahier d'exercices, mais aussi un cahier de brouillon (ou des feuilles blanches), un crayon à papier, une gomme, des feutres ou des crayons de couleur.
Installez-vous de façon confortable avec votre enfant sur une table à sa hauteur. Alternez des moments où vous le guidez et d'autres où vous le laissez « se débrouiller ».

■ Associez toujours la lecture et l'écriture.

La lecture et l'écriture se complètent pour permettre à votre enfant de comprendre les mécanismes de l'alphabet.
Il n'est pas facile au début pour votre enfant d'associer l'écriture d'imprimerie – celle du livre – à l'écriture manuscrite, dite aussi « écriture attachée ». Cette méthode propose de fréquents passages de l'une à l'autre permettant de les comparer.

■ Déroulement type d'une leçon Daniel et Valérie.

L'exemple choisi est celui de la leçon 8, mais la même démarche s'applique aux autres leçons.

Édition : C. Ledoux - Maquette : T. Méléard
 – ISBN : 978-2 09 184375-9 -
N° d'éditeur : 10188754 – JPM sa – Juin 2012 – Imprimé en Italie par STIGE

1re ÉTAPE – De l'image au mot.

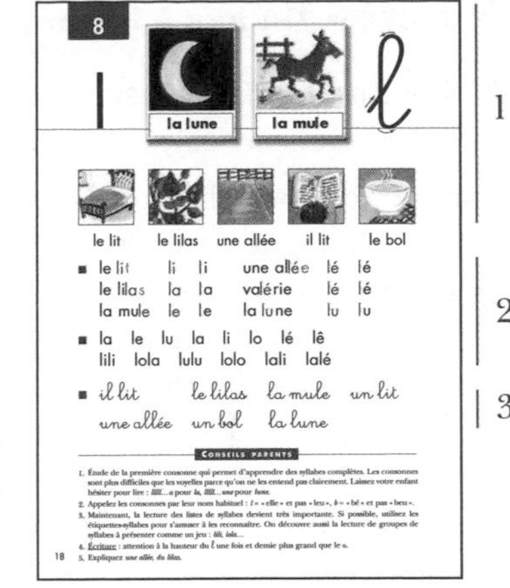

8

la lune la mule

le lit le lilas une allée il lit le bol

- le lit li li une allée lé lé
  le lilas la la valérie lé lé
  la mule le le la lune lu lu
- la le lu la li lo lé lê
  lili lola lulu lolo lali lalé
- *il lit le lilas la mule un lit*
  une allée un bol la lune

CONSEILS PARENTS

1. Étude de la première consonne qui permet d'apprendre des syllabes complètes. Les consonnes sont plus difficiles que les voyelles parce qu'on ne les entend pas clairement. Laissez votre enfant hésiter pour lire : *llll...a* pour *la*, *llll...une* pour *lune*.
2. Appelez les consonnes par leur nom habituel : *l* = « elle » et pas « leu », *b* = « bé » et pas « beu ».
3. Maintenant, la lecture des listes de syllabes devient très importante. Si possible, utilisez les étiquettes-syllabes pour s'amuser à les reconnaître. On découvre aussi la lecture de groupes de syllabes à présenter comme un jeu : *lili, lola*...
4. Écriture : attention à la hauteur du *l* une fois et demie plus grand que le *e*.
5. Expliquez *une allée, du lilas*.

18

1

2

3

- **Observation des deux images du haut de la page.**

Dialoguez avec votre enfant : « Qu'est-ce que tu vois ? », « Qu'est-ce que c'est ? » ou « Qui est-ce ? »... Trouvez avec lui les mots correspondants et lisez-les. Repérez avec lui les lettres en rouge. Sur l'exemple ci-contre, montrez-lui la lettre *l*. Cherchez avec votre enfant des mots où l'on entend « l » comme dans *lune*. Des objets ou des animaux familiers : *un livre, un loup*..., des prénoms : *Louise, Lucien*...

- **Observation des petites images.**

Suivez la même démarche : appuyez-vous sur l'illustration pour trouver le mot. Relisez les mots plusieurs fois dans des ordres différents, et à la fin, cachez les images avec un carton.

2e ÉTAPE – Du mot à la syllabe.

- **Décomposition du mot en syllabes.**

Commencez par lire le mot complet.
Pour chaque mot, procédez ensuite de la façon suivante : « dans *lilas*, il y a combien de morceaux (de « syllabes ») ? Écoute bien, **li - las**... : 2 morceaux, le 1er c'est **li**, le 2e c'est **las**. » Vous pouvez lui faire compter les morceaux de mots en tapant dans vos mains.
Ensuite, repérez avec lui la syllabe en rouge dans le mot : « le 2e morceau en rouge c'est ***la***, **l-a**, ça fait **la** ». Répétez ensemble plusieurs fois : « ***le lilas***, **li-las** / **la** /**l-a** / **la** ».

- **Lecture rapide de syllabes et de groupes de syllabes.**

Lisez plusieurs fois dans l'ordre et dans le désordre, en montrant la syllabe avec le doigt. Présentez-lui la lecture des groupes de syllabes comme un jeu. Ces groupes, volontairement, n'ont pas de signification. Mais leur lecture permet à votre enfant de bien retenir le « système » consonne – voyelle.

3e ÉTAPE – De la lecture à l'écriture.

- **Observation de la lettre manuscrite.**

Commencez par observer avec votre enfant la lettre manuscrite (en écriture « attachée ») en haut à droite. Suivez le tracé indiqué par les flèches avec son doigt. Reproduisez ce tracé en grand dans l'espace, sur la table, sur le cahier de brouillon ou une feuille blanche. Attention, il est important de répéter plusieurs fois ces gestes dans le bon sens.
De nombreuses lettres s'écrivent dans le sens inverse des aiguilles d'une montre.

- **Lecture des mots en écriture attachée.**

Lisez les mots en bas de la page plusieurs fois dans l'ordre et dans le désordre. Si nécessaire, cherchez le même mot en écriture d'imprimerie dans la page.
Si vous disposez du **cahier d'exercices**, faites faire à votre enfant les 2 premiers exercices.

4e ÉTAPE – Du mot à la phrase et au texte.

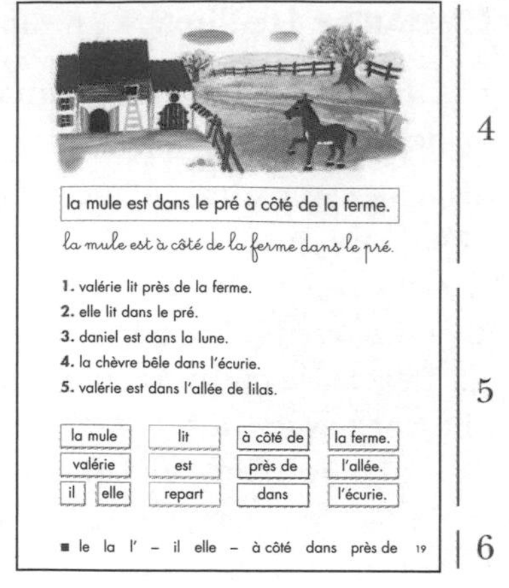

• Lecture de la phrase « de référence » (phrase encadrée).

Commencez par observer la grande image avec votre enfant. Dialoguez avec lui : « Qu'est-ce que tu vois ? Qui reconnais-tu ? »
Guidez-le pour l'amener au plus près de la phrase encadrée, si nécessaire en lui « soufflant » les mots qu'il ne connaît pas. Par exemple : « Oui c'est vrai, c'est une prairie. On dit aussi un pré » – « C'est plus grand qu'un âne, c'est entre le cheval et l'âne – ça s'appelle une mule ».
Faites-lui lire plusieurs fois la phrase encadrée puis relisez certains mots en les montrant avec son doigt.
Si vous disposez du **cahier d'exercices**, faites faire le(s) dernier(s) exercice(s).

5e ÉTAPE – De la lecture à l'invention de phrases.

• Lecture de la phrase en écriture attachée.

À partir de la leçon 7, cette phrase n'est pas exactement dans le même ordre que la phrase encadrée. Ceci, pour éviter une lecture mécanique, par cœur et pour permettre à votre enfant de comprendre que l'on peut dire la même chose en l'écrivant « autrement ».

• Lecture de phrases variées (phrases numérotées).

Laissez votre enfant « se débrouiller » en l'aidant seulement s'il « s'arrête » : « Tu connais déjà ce mot là – On l'a déjà lu (sur la page de gauche ou leçon précédente)... Il commence comme (tel mot)... »

• Invention de phrases (étiquettes – mots)

L'activité doit être présentée comme un jeu. Expliquez à votre enfant qu'il va inventer des phrases avec les étiquettes en prenant une étiquette dans chaque colonne.
Volontairement, les cadres sont de couleurs différentes : rouge pour les noms, bleu pour les verbes, noir pour les « petits mots », vert pour les adjectifs.
Bien sûr, vous n'emploierez pas ces termes grammaticaux avec votre enfant.
Vous pouvez d'abord lire avec votre enfant toutes les étiquettes, colonne par colonne, puis lui demander de fabriquer une phrase, puis une autre, etc.
Si vous disposez du **cahier d'exercices**, faites faire des phrases avec les étiquettes en écriture attachée.

6e ÉTAPE – Révision.

On termine la leçon en apprenant par cœur les petits mots (on les appelle souvent à l'école des « mots outils ») très fréquents en français, mais assez difficiles à lire : *et, dans, sur, à côté de, près de,* etc. Faites lire à votre enfant ces mots en bas de la page de droite. Cherchez avec lui dans quelle phrase ils sont employés.

Toutes les 10 leçons, **J'apprends à lire avec Daniel et Valérie** propose deux séances de révisions complètes. N'avancez pas trop vite si vous constatez que votre enfant « peine » dans ses séances de révision.

Bonne lecture !

L'équipe pédagogique de

Daniel et Valérie.

1

- maman ma man bobi bo bi
  papa pa pa valérie va lé rie
- valérie maman daniel papa a
  bobi valérie i
- *daniel valérie bobi papa maman*

Conseils parents

1. Lisez attentivement les conseils généraux dans les pages précédentes.
2. Présentez les personnages : *Daniel, Valérie, Bobi*... à votre enfant et cherchez-les ensemble dans d'autres pages du livre. Expliquez que vous les reverrez souvent !
3. Comptez ensemble les petits morceaux de mots (les syllabes) : *ma-man* (2), *va-lé-rie* (3), en tapant dans les mains ou sur la table.
4. Difficulté : à la fin de *maman*, on voit *a* mais on n'entend pas « a ».
5. Expliquez le jeu des étiquettes en page de droite : il faut prendre une étiquette dans chaque colonne pour inventer des phrases, puis faites observer le « petit mot » *et* : c'est le 1er à apprendre par cœur.

valérie et daniel.

valérie et daniel.

1. valérie et maman.
2. papa et bobi.
3. daniel et papa.
4. bobi et valérie.
5. maman et papa.

valérie		bobi.
	et	papa.
daniel		maman.

■ et

2

i

valérie bobi la pie le nid

- valérie ri ri bobi bi bi
  le nid ni ni la pie pi pi

- i i a i a a i i
  a i i i a i a i

- bobi la pie valérie le nid

Conseils parents

1. Après avoir observé les deux images (bobi, la pie), cherchez ensemble des mots où l'on entend « i » : *un lit, un livre, midi*…
2. Dans les syllabes *ri, bi, ni, pi,* pour le moment, l'important est de reconnaître le *i* ; les consonnes ne seront apprises que plus tard (à partir de la leçon 8).
3. Les lettres muettes (que l'on n'entend pas) sont en gris : *valérie, le nid.*
4. La liste de lettres (i i a …) est à lire. Elle figure aussi en dessous en écriture attachée. Cela permet à votre enfant d'identifier les lettres en écriture attachée et en écriture d'imprimerie.
5. Difficulté : lisez les phrases numérotées à votre enfant en mettant le ton *joue daniel !*

valérie joue avec daniel.

valérie joue avec daniel.

1. valérie joue avec bobi.
2. daniel joue avec valérie.
3. bobi joue avec la pie.
4. joue daniel !
5. joue valérie !

valérie			maman.
bobi	joue	avec	la pie.
daniel			papa.

■ le la – avec

3

bobi

le bol

un bol — bobi — un pot — la moto

■ un pot po po bobi bo bo
la moto mo mo to to

■ o a i o o a o i o
i o a i o o a o i

■ *bobi la moto un bol un pot*

Conseils parents

1. Cherchez ensemble des mots en « o ». Laissez votre enfant proposer des mots en « o » qui s'écrivent : *au, eau* : *un chapeau, une auto*… ; ces écritures seront apprises leçon 29.
2. Dans la plupart des régions, on prononce différemment le « o » dans *bol* et dans *pot*.
3. Expliquez le sens du mot *trotte* en disant : « c'est comme le cheval qui galope et qui trotte ».

daniel joue avec bobi. bobi trotte.

daniel joue avec bobi. bobi trotte.

1. bobi trotte avec daniel.
2. bobi trotte avec valérie.
3. bobi joue avec un bol.
4. daniel joue avec la moto.
5. trotte bobi !

bobi	joue		la moto.
valérie		avec	la pie.
daniel	trotte		papa.

■ avec – un la le

4

une mule

un mur

u

la mule

le mur

une écurie

la lune

la fumée

- un mur mu mu la lune lu lu
  la fumée fu fu l'écurie cu cu

- u o i o o a u i o a
  o i i u u o i u o a

- la mule la lune une écurie
  un mur la fumée une lune

Conseils parents

1. Expliquez le sens des mots : *une mule* (moitié âne, moitié cheval) et *une écurie*.
2. Comptez ensemble les deux syllabes de *lu-ne*.
3. Lisez *est* à votre enfant dans : *une mule est dans l'écurie.*
4. Les « petits mots » (les articles) : *le*, *la*, *l'*, *un*, *une*, doivent être retenus « par cœur ». Ce sont les mots les plus fréquents en français.

une mule est dans l'écurie.

une mule est dans l'écurie.

1. valérie est dans l'écurie.
2. la mule est dans une écurie.
3. bobi est dans une écurie.
4. la mule trotte dans l'écurie.
5. valérie est dans la lune.

la mule	est	dans	valérie.
bobi	joue	avec	l'écurie.
la pie			daniel.

■ le la l' – un une – avec dans

5

papa

le canard

le canard la mare maman daniel valérie

■ maman ma ma papa pa pa
daniel da da valérie va va
la mare ma ma le canard ca ca

■ a u i o a a u a u o
pa ca va ma la da va

■ *maman le canard valérie*
la mare papa daniel

CONSEILS PARENTS

1. 1re lecture d'une liste de syllabes isolées. Cherchez-les ensuite avec votre enfant dans les mots illustrés. Exemple : C'est le *ca* de *canard*.

2. Expliquez *la mare* et *papa amène le canard*.

papa amène le canard dans la mare.

papa amène le canard dans la mare.

1. daniel amène le canard dans la mare.
2. le canard est dans la mare.
3. maman amène la mule.
4. papa amène la mule dans l'écurie.
5. le canard trotte dans l'écurie.

le canard	est		l'écurie.
la mule	joue	dans	
la pie	trotte		la mare.

■ la le l' – une un – dans

6

le renard

il est petit

une cerise la petite le renard la mule la lune

- petit pe pe la cerise ce ce
  le renard re re la petite te te
  la mule le le la lune ne ne

- e a i o e u a e o e
  pe le ce re me te le re

- *le petit une cerise le renard*
  la mare la mule la lune

Conseils parents

1. Le *e* est la voyelle la plus difficile, car elle est souvent muette. Les accents changent sa prononciation (voir leçon 7) et elle se combine avec d'autres lettres pour faire *en*, *eu*, *eau*…
2. Faites compter à votre enfant 2 syllabes dans *mu-le* et trois dans *pe-ti-te*, même si, ensuite, il faudra dire plus vite *mul(e)* et *petit(e)*.
3. Expliquez *repart* (qui commence comme *renard* et continue comme *papa*).

la petite mule repart à l'écurie.

la petite mule repart à l'écurie.

1. bobi repart dans l'écurie.
2. le petit renard repart.
3. la petite mule trotte.
4. valérie repart avec bobi.
5. daniel a un bol de cerises.

le renard	repart	à	l'écurie.
la mule	est	dans	la mare.
la pie	trotte	avec	bobi.

■ la le l' – une un – dans avec – à

7

é
è ê

le bébé

une chèvre

le pré

la fumée

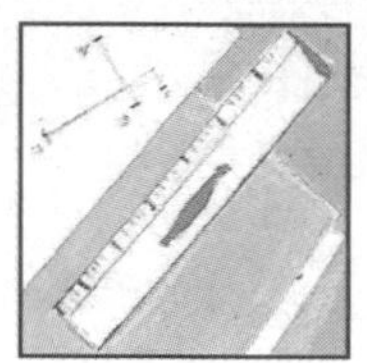

une règle

la tête

une bête

- valérie lé lé la fumée mé mé
  la chèvre chè chè une règle rè rè
  une bête bê bê la tête tê tê

- é a é i é ê o è u e
  lé rè bê bé tê mé chè

- la fumée le bébé la règle un pré
  la chèvre une bête la tête

Conseils parents

1. Expliquez à votre enfant les « petits traits » (les accents) sur le *e* qui changent sa prononciation.
2. Écriture : faites observer que l'accent du *é* remonte, celui du *è* descend, et celui du *ê* est un petit chapeau.
3. Expliquez *elle bêle* en jouant à deviner le cri des animaux, et *le pré* (sorte de prairie).

la chèvre bêle dans le pré.

dans le pré la chèvre bêle.

1. la chèvre bêle dans l'écurie.
2. papa amène la chèvre dans le pré.
3. le pré est près de l'écurie.
4. valérie a mal à la tête.
5. le bébé a une petite tête.

la chèvre	bêle	dans	le pré.
la bête	est	près de	l'écurie.
le bébé	trotte	à	la mare.

■ dans près de à – le la l'

8

l

le lit — le lilas — une allée — il lit — le bol

- le lit li li une allée lé lé
  le lilas la la valérie lé lé
  la mule le le la lune lu lu

- la le lu la li lo lé lê
  lili lola lulu lolo lali lalé

- il lit le lilas la mule un lit
  une allée un bol la lune

Conseils parents

1. Étude de la première consonne qui permet d'apprendre des syllabes complètes. Les consonnes sont plus difficiles que les voyelles parce qu'on ne les entend pas clairement. Laissez votre enfant hésiter pour lire : *lllll…a* pour *la*, *lllll…une* pour *lune*.
2. Appelez les consonnes par leur nom habituel : *l* = « elle » et pas « leu », *b*= « bé » et pas « beu ».
3. Maintenant, la lecture des listes de syllabes devient très importante. Si possible, utilisez les étiquettes-syllabes pour s'amuser à les reconnaître. On découvre aussi la lecture de groupes de syllabes à présenter comme un jeu : *lili, lola…*
4. Écriture : attention à la hauteur du ℓ une fois et demie plus grand que le e.
5. Expliquez *une allée, du lilas*.

la mule est dans le pré à côté de la ferme.

la mule est à côté de la ferme dans le pré.

1. valérie lit près de la ferme.
2. elle lit dans le pré.
3. daniel est dans la lune.
4. la chèvre bêle dans l'écurie.
5. valérie est dans l'allée de lilas.

la mule	lit	à côté de	la ferme.
valérie	est	près de	l'allée.
il / elle	repart	dans	l'écurie.

■ le la l' – il elle – à côté dans près de

9

papa

un pot

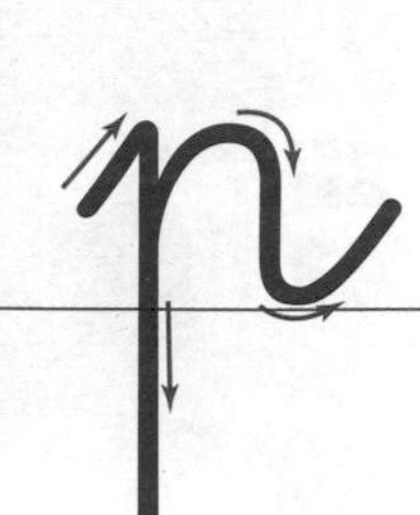

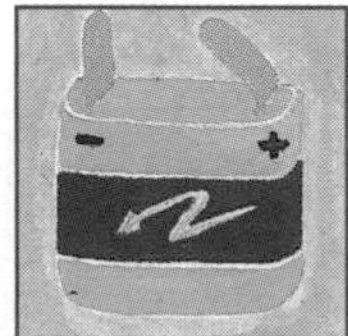

une pile

un pull

un épi

la pie

le pré

- la pile pi pi papa pa pa
  un pot po po la pie pi pi
  il est petit pe pe un pull pu pu

- pa pi pe po pu pé pè pê
  papa papi popi pipo pipé papé

- *le pot un papa une pile le pré*
  un pull la pie il part un épi

CONSEILS PARENTS

1. Expliquez *un épi*.
2. Les suites de consonnes *pr*, comme dans *pré* et *près de* seront étudiées leçon 24.
3. Écriture : attention à la jambe du *p* qui descend en dessous de la ligne. Certaines lettres sont très différentes en écriture d'imprimerie et en écriture attachée : le p *p*, le b *b*…

la petite rivière passe dans le pré.

la petite rivière passe dans le pré.

1. la petite pie passe dans le pré.

2. papa est dans le pré avec daniel.

3. valérie a vu une pie près de papa.

4. la petite mule passe par le pré.

5. la pie a pris un épi dans le pré.

papa	passe	près de	l'allée.
la pie	part	à côté de	la ferme.
papi	repart	dans	l'écurie.

■ par près de – à côté de dans avec

10

t

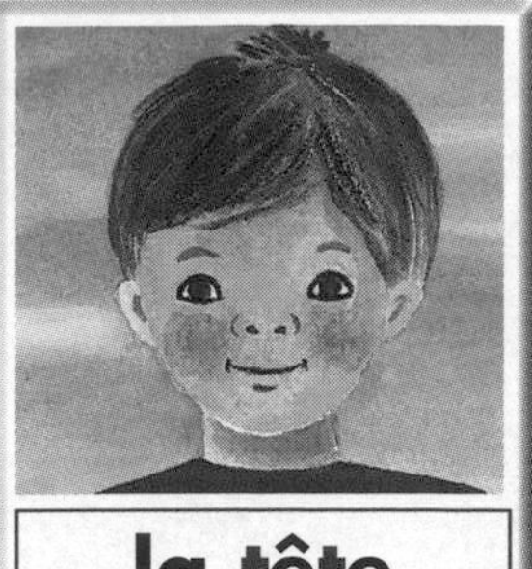

la tête

toto

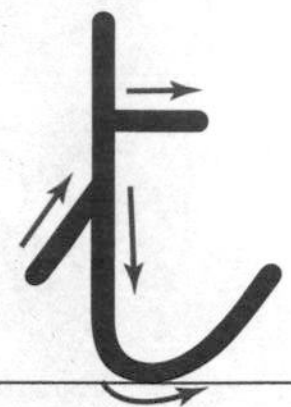

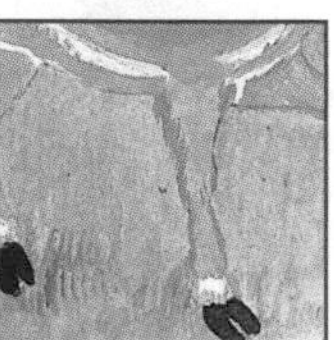

un tapis le pâté la tulipe la moto la patte

- un tapis ta ta la tête tê tê
  la tulipe tu tu la patte te te
  la moto to to toto to to

- ti to ta té tu tè te tê
  tati titi tutu têtu tata tota tété

- *la moto il est petit la tête un tapis*
  elle est têtue une patte le pâté

CONSEILS PARENTS

1. Expliquez *têtu*.
2. Les liaisons compliquent le découpage des mots : *le petit‿âne*.
3. Utilisez si possible les étiquettes-syllabes pour s'exercer à les reconnaître.

toto le petit âne est têtu.

le petit âne toto est têtu.

1. toto le petit âne trotte.
2. daniel joue avec la petite mule.
3. toto a très mal à la patte.
4. la tulipe est dans le petit pot.
5. tu joues avec ta petite moto.

toto	joue		le petit âne.
daniel	trotte	avec	la petite bête.
tata	est		le petit bébé.

■ le la – ta tu – avec très dans

révision  1

1.

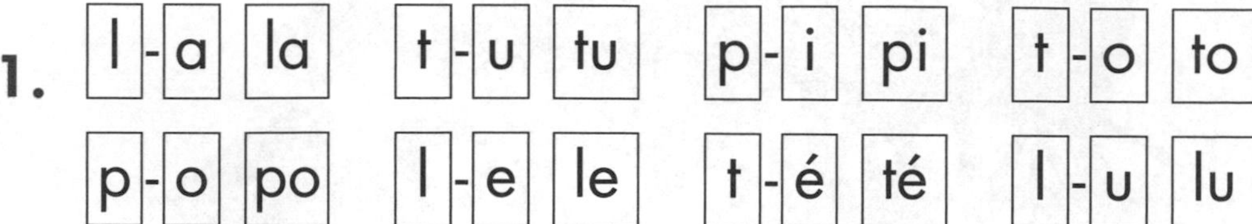

l - a la t - u tu p - i pi t - o to

p - o po l - e le t - é té l - u lu

2.

la	le lilas	le	il est pâle
pa	papa	pe	elle est petite
ta	un tapis	te	la lutte
li	le lit	lu	la lune
pi	une pile	pu	un pull
ti	il est petit	tu	une tulipe
lo	le loto	lé	une allée
po	un pot	pé	pépé
to	la moto	té	la télé
		tê	la tête

CONSEILS PARENTS

Une séance est nécessaire pour chaque révision.

Révision 1 : Exercice 1. Utiliser les étiquettes-syllabes de la fiche, à la fin du cahier d'exercices pour s'amuser à reconnaître et à reconstituer les syllabes, comme dans cet exercice. **Exercice 2.** Faites lire à votre enfant les mots de chaque liste dans l'ordre et dans le désordre. Si nécessaire, faites-lui retrouver des mots des leçons précédentes qui ne sont pas dans ces listes.

Révision 2 : Exercice 1. Lisez les voyelles et les mots, puis les phrases dans lesquelles on les retrouve. **Exercice 2.** Révision des verbes des leçons précédentes. Faites observer *il* pour le masculin et *elle* pour le féminin.

révision 2

1.	a	un âne	le petit âne a mal.
	i	une pie	la pie est dans son nid.
	o	le bol	le bol de bobi est à côté de valérie.
	u	la mule	la mule est dans une écurie.
	e	le renard	le petit renard passe à côté de la mare.
	é	un bébé	le bébé est à côté de la maman.
	è ê	la chèvre	la chèvre bêle près de la rivière.

2. *il joue   il trotte   il amène   elle lit*
elle repart   elle bêle   il est   elle a
elle a vu   elle a pris   il est passé

11

r

une rue

une rivière

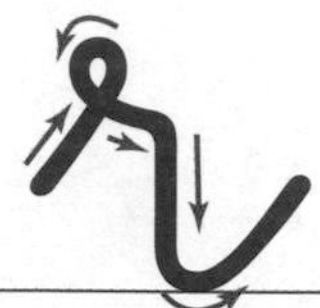

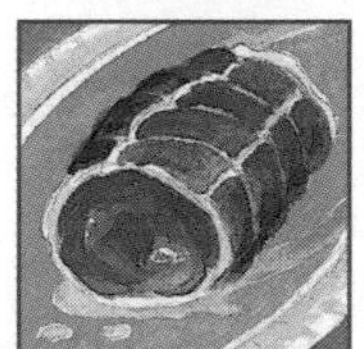

un rat un rôti du riz un renard la purée

- un rat ra ra du riz ri ri
  Valérie ri ri un renard re re
  un rôti rô rô la purée ré ré
- ra ri ru ré ro rê re rè
  riri lari rita raté tira rotu pari
- le renard une rivière la rue du riz
  des rats des cerises la purée un rôti

CONSEILS PARENTS

1. Écriture : le *r* très différent du *r*.
2. Vous découvrez ensemble les majuscules. Faites remarquer leur emploi en début de phrase et pour les noms de personnes (noms « propres »).
3. Difficulté : beaucoup de mots dans cette leçon ont des lettres muettes *rat, riz*…

Papa est sur la rivière avec Daniel.
Il rame.

Papa rame sur la rivière. Il est avec Daniel.

1. Daniel est ravi. Il rit avec Papa.
2. Valérie arrive à côté de la rivière.
3. Papa a vu une vipère près de la mare.
4. Daniel a vu un petit rat près de la rivière.
5. Maman a préparé du rôti et de la purée.

Valérie	passe	sur	la rivière.
Le renard	est	à côté de	la mare.
Le rat	arrive	près de	la maison.

■ sur près de à côté de – et avec

12

S

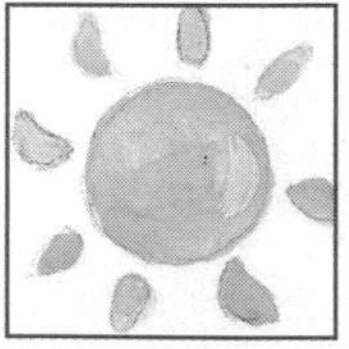
le soleil

le tissu

la tasse

la sucette

six

- la salade sa sa le soleil so so
  une sucette su su six si si
  le tissu ssu ssu la tasse sse sse

- su so si se su sé sè sa
  sissi sali sale sipa sala solo

- *la tasse le soleil six le tissu*
  les sabots il passe il est sale

CONSEILS PARENTS

1. Le son « s » a des prononciations très différentes : *sac, rose* (voir leçon 35) et il est muet dans les mots au pluriel : *des livres*. Il s'écrit aussi « c » : *cirque* (voir leçon 36).
2. Observez le son « s » dans *sucette* et dans *tissu*.
3. Les petits mots *sa, son, ses* (adjectifs possessifs) sont très fréquents.

Samedi Valérie a mis
ses petits sabots.

Samedi Valérie a mis ses petits sabots.

1. Valérie passe sur l'allée.
2. Elle a mis ses petits sabots.
3. Papa a semé de la salade et sali sa salopette.
4. La salade pousse sous le soleil.
5. Bobi est assis dans le pré sous le soleil.

Valérie	passe	sur	l'allée.
Bobi	est	sous	le soleil.
Toto	arrive	dans	la rivière.

■ sur sous – ses sa – dans

13

m   

Maman — une pomme

la moto   la mule   un marin   la tomate   un ami

- le marin ma ma une moto mo mo
  la mule mu mu un ami mi mi
  une pomme me me la tomate ma ma

- mi me mo mu mé mê ma
  mimi momo mami muma mémo

- *une maman la tomate mes amis*
  une moto une mule des pommes

Conseils parents

1. Dans la phrase 4, il faut que votre enfant comprenne que *Elle* = *Maman*.
2. Comparez la prononciation des « petits mots » *mes* – *les* – *des*.

Maman ramasse des pommes et des tomates.

Maman ramasse des tomates
et des pommes.

1. Daniel ramasse des pommes près de la rivière.
2. Valérie ramasse des tomates à côté de la ferme.
3. Papa a salé la salade de tomates.
4. Maman est malade. Elle a mal.
5. Papa a mis la mule à côté de la ferme.

Maman	ramasse	des pommes		des tomates.
Valérie	a	des tomates	et	des cerises.
Mamie	a pris	de la salade		des mûres.

■ ma mes – un une des – le la les

14

V

le vélo

une valise

Valérie une vache une ville il vole il lave

- Valérie va va le vélo vé vé
  la ville vi vi la vache va va
  elle vole vo vo il lave ve ve

- vu va vé vo vê vi ve vé
  vive vola viva vali lava lavé

- *les valises un vélo la vache la ville*
  elle vole il lave Valérie la rivière

Conseils parents

1. **Écriture :** Attention à l'écriture du *v* que l'enfant écrit souvent comme le *u*.
2. Expliquez le « petit mot » *vers*.

Daniel va vers la rivière
avec son vélo. Il va vite.

Daniel va vite vers la rivière
avec son vélo.

1. Valérie a vu Daniel sur son vélo.
2. Valérie se lève vite. Elle va près de la rivière.
3. Valérie a vu une vache près de la rivière.
4. Papa lave le vélo de Valérie.
5. L'élève va vite vers l'école.

Bobi	est	près de	la rivière.
La vache	va	à côté de	l'allée.
La chèvre	va vite	dans	l'écurie.

■ avec vite vers – sur près de

15

f

la forêt

la fête

la farine la fusée une fille une fée le fossé

- la farine fa fa le fossé fo fo
  une fusée fu fu la fête fê fê
  la fille fi fi une fée fé fé

- fê fi fo fu fe fa fé fè
  fifi fuma futé fati fila falo foli

- *les fossés la fusée la fille la fée*
  une fête une forêt de la farine

Conseils parents

1. Écriture : le *f* est difficile à écrire et très différent de *f*; il monte aussi haut que le *l* et descend aussi bas que le *p*.
2. Attention à la différence de son et d'écriture pour : *il file – une fille.*
3. Découvrez ensemble la différence : *Papa est assis* (masculin), *La fille est assise* (féminin).

Daniel file vers la forêt.
Il a vu de la fumée.

Daniel a vu de la fumée dans la forêt.
Il file.

1. Daniel a vu de la fumée à côté de la ferme.
2. Papa est assis dans le fossé près de la ferme.
3. Valérie file vers la forêt avec Bobi.
4. La chèvre est dans le fossé près de la forêt.
5. La petite fille a mis de la farine dans une tasse.

La fille	file	vers	la ferme.
La fée	est	à côté de	l'écurie.
Papa	est assis(e)	près de	la forêt.

■ dans près de à côté de – vers avec

16

ou

une poupée

une route

  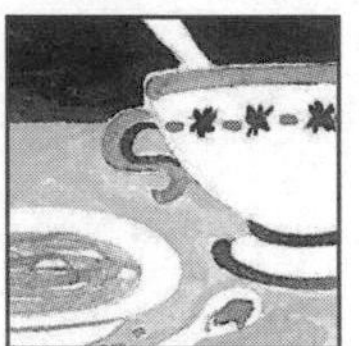 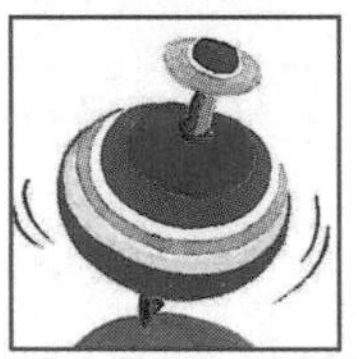 

un loup la mouche la soupe la toupie une fourmi

- la poupée pou pou une fourmi fou fou
  la soupe sou sou la mouche mou mou
  la toupie tou tou la route rou rou

- lou pou tou sou mou fou rou
  toutou poutou loulou matou patou

- *des routes la toupie des mouches*
  un loup une poupée une moule

Conseils parents

1. Découverte du premier son composé de 2 lettres (ce qui est fréquent en français). Dites « *o* et *u*, ça fait *ou* ».
2. Expliquez *elle couve*.
3. Aidez à lire *il y a*, très fréquent. Nommez la lettre « i grec » et indiquez qu'elle se prononce « i » (quand elle est toute seule).

La petite poule rousse couve
sur la mousse.

La petite poule rousse est sur la mousse.
Elle couve.

1. Bobi file vers la route comme un fou.
2. Valérie joue à la poupée dans la cour.
3. La toupie tourne dans la cour.
4. Dans la forêt il y a des loups.
5. Daniel a vu des fourmis rouges.

Il y a	des fourmis	dans	la route.
Il a vu	des loups	sur	la cour.
Elle a vu	des poules	près de	la forêt.

■ vers sur sous – dans – comme il y a

17

n

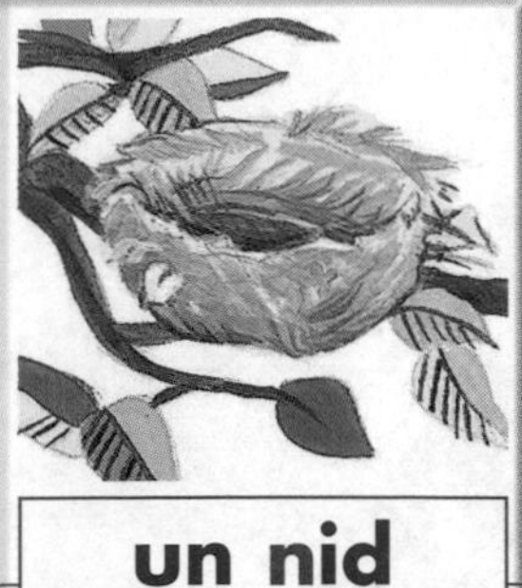
un nid

des nattes

une nappe

un piano

un âne

le renard

un nuage

■ un nid ni ni des nattes na na
un piano no no un nuage nu nu
une nappe na na un âne ne ne

■ na ne nou ni no né nu nè
nana nani nanou pané minou tané

■ une natte des nuages le piano
le nid l'âne une nappe un renard

Conseils parents

1. Expliquez *un canot* (un petit bateau, une barque).
2. Écriture : bien distinguer le *n* (2 « jambes ») et le *m* (3 « jambes »).
3. Aidez à lire *avec lui, avec elle.*
4. Observez ensemble la différence : *il est revenu / elle est venue.*

Daniel se promène en canot.
Valérie est venue avec lui.

Valérie se promène en canot.
Daniel est venu avec elle.

1. Daniel se promène en canot sur la rivière.
2. Valérie est revenue près de sa mère.
3. Valérie est venue à l'école avec des nattes.
4. Maman a mis une petite nappe sur le piano.
5. Il y a un nuage près de la lune.

Daniel	est venu(e)	près de	sa mère.
Nanou	est venu(e)	à côté de	son frère.
Annie	est revenu(e)	avec	sa fille.

■ il y a en – avec près de – lui elle

18

d

un domino

des radis

une dame

un dé

midi

la douche

la salade

- le domino do do — des radis di di
  une dame da da — la douche dou dou
  la salade de de — le dé dé dé

- dou dé dè da du de do di
  dadi dédé fada lada lido dolo

- le radis une douche la salade midi
  des dominos le dé des dames il dîne

CONSEILS PARENTS

1. Expliquez *Daniel dévore*.
2. Lecture : on peut retrouver la syllabe *di* dans tous les jours de la semaine sur un calendrier.
3. Dans le mot *dîne*, le *î* porte un accent circonflexe mais cela ne change pas sa prononciation.

Le canot de Daniel file.
Il est rapide.

Le canot de Daniel est rapide. Il file.

1. Il est midi. Daniel rame dans le canot.
2. À midi Daniel dévore les radis.
3. Mardi Bobi s'est perdu dans la forêt.
4. Bobi donne la patte à Daniel.
5. La dame est malade. Elle dort.

La dame	dort	près de	la rivière.
Daniel	dîne	dans	la cour.
Papa	joue	à côté de	la ferme.

■ de des du – dans à côté de

19

j

la jupe

des jouets

le journal

le jardin

du jus

le judo

des jetons

- un jardin ja ja le judo ju ju
  le journal jou jou une jupe ju ju
  elle est jolie jo jo un jeton je je
- je jou ji ju jo ja jé jê
  joujou jojo naja jeta pija raja
- *le jeton le judo un jouet une jupe*
  du jus le journal des jardins joli

CONSEILS PARENTS

1. Le son « je » est difficile parce qu'il peut s'écrire *j* dans *joue* et *g* dans *genou* (voir leçon 37).
2. Aidez à lire *des jouets, des jetons.*
3. Expliquez *il jappe.*
4. Faites employer le « petit mot » *je* (pronom) dans des phrases : *je m'appelle…, je suis…*
5. Faites observer les étiquettes vertes (adjectifs).

Bobi joue dans le joli canot. Il jappe.

Bobi jappe dans le joli canot. Il joue.

1. Bobi joue dans le joli jardin.
2. Il est déjà midi. Bobi jappe.
3. Daniel joue avec les jouets de Julie.
4. Valérie a mis sa jolie jupe.
5. Jeudi je pars au judo avec Julie.

Julie	a mis	un joli	jupe.
Valérie	a vu	une jolie	jouets.
Maman	a pris	des jolis	jardin.

■ je déjà – au avec – de dans

20

b

une balle

un bébé

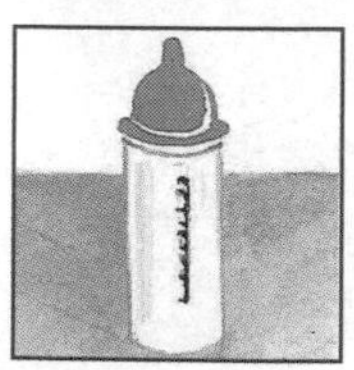

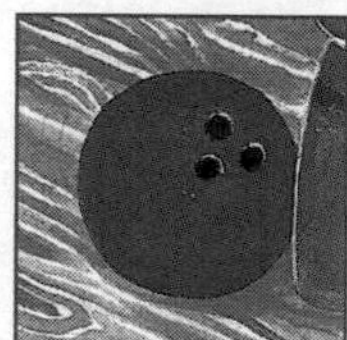

le biberon la boule des bottes une robe un but

- une balle ba ba une boule bou bou
  un bébé bé bé une botte bo bo
  une robe be be un biberon bi bi

- bi bo bou bé bê bu ba be
  baba bibo babi bata tabou labo

- *Bobi le bébé une balle des bottes*
  des boules la robe un but un bol

CONSEILS PARENTS

1. Expliquez et aidez à lire *un hibou*.
2. Écriture : bien tracer le *b* pour le distinguer du *l*.
3. Faites observer les étiquettes vertes (adjectifs).

Bobi joue avec la belle balle. Il a vu un hibou sur la cabane.

Bobi joue avec la belle balle.
Sur une cabane, il a vu un hibou.

1. Bobi a vu une bête à côté de la cabane.

2. La chèvre bêle près de la cabane.

3. Valérie a mis des belles bottes.

4. Daniel joue à la balle avec le bébé.

5. Le bébé a bu son biberon.

Bobi	a	une belle	balle.
Le bébé	a vu	un bon	biberon.
Valérie	a bu	des belles	bottes.

■ dans avec – à côté près de – sur sous

révision 3

ra	la rame	ma	Maman	vé	le vélo
ri	la rivière	me	la pomme	vi	la ville
ru	la rue	mu	la mule	ve	un élève
ro	le rôti	mi	un ami	va	Valérie
re	le renard	mo	la moto	vu	il a vu
rê	le rêve	mê	même	vo	elle vole
rou	la route	mou	la mouche	vou	il a voulu

sa	un sabot	fa	la farine	no	le canot
si	il est assis	fê	la fête	ne	un âne
su	le tissu	fe	une étoffe	na	la nappe
so	le soleil	fo	la forêt	ni	un nid
se	la tasse	fu	la fumée	nu	il est venu
sé	il est passé	fi	elle file	né	il a ramené
sou	la souris	fou	il est fou	nou	une nounou

da	une dame	je	je joue	bo	Bobi
do	le domino	ja	un jardin	be	la robe
dé	un dé	jo	joli	ba	une balle
di	midi	ju	le judo	bi	un biberon
du	perdu	jà	déjà	bu	il a bu
de	dessus	jé	Jérémie	bé	le bébé
dou	un doudou	jou	un journal	bou	une boule

révision 4

1. Daniel vit dans une petite ferme avec son père et sa mère.

2. L'âne est dans le pré. Il est têtu, il ne va pas vite.

3. Valérie a mis ses sabots. Elle a ramassé une pomme dans le pré.

4. Bobi a vu une pie. Elle vole vers son nid dans la forêt.

5. Bobi a vu une vipère dans le pré, à côté de la rivière.

■ le la les – un une des
ma mon mes – ta ton tes – sa son ses
je tu – il elle

Conseils parents

Révision 3 : Faites lire chaque colonne de mots et repérez ensemble les syllables dans les mots.
Révision 4 : Faites lire les 5 phrases où votre enfant va retrouver des mots qu'il a rencontrés dans les leçons précédentes et revoyez ensemble les « petits mots ».

Pour les leçons suivantes, le nombre de mots nouveaux est plus important. Les mots sont parfois différents de l'écriture imprimée à l'écriture attachée (manuscrite).

21

g

  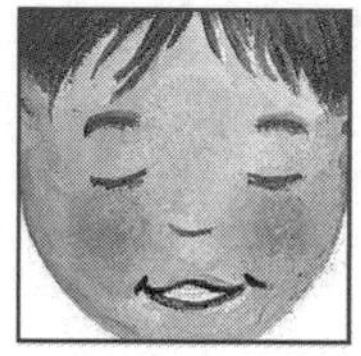  

un gâteau un légume la figure le goûter une bague

- la gare ga ga la figure gu gu
  le goûter gou gou la gomme go go
  un légume gu gu une bague gue gue

- ga go gu goû gâ gue gui
  gaga gouga gogo ago gugo logo

- des gommes une gare une figure
  le légume il goûte la bague la guitare

Conseils parents

1. Étude du *g* de *gare* et de *guitare*; le *g* de *genou* sera vu leçon 37.
2. Difficulté : *la figure*, « gu », mais *une bague* et non « bagu ».

Bobi galope dans la forêt.
Papa le regarde.

Papa regarde Bobi galoper dans la forêt.

1. La mule galope dans le pré.
2. Papa est près de la gare.
3. Maman goûte la soupe de légumes.
4. Daniel se salit la figure.
5. Valérie joue de la guitare.

Papa	a vu	la mule	galoper.
Valérie	regarde	la chèvre	trotter.
Daniel		Bobi	jouer.

■ dans près de

22

c q

le coq

le canard

une canne

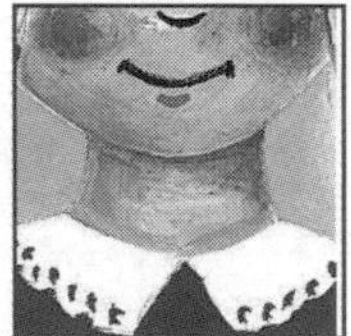
le cou

un cube

l'école

quatre

- le canard ca ca le cou cou cou
  l'école co co le coq co co
  le cube cu cu quatre qua qua

- ca co cou cu qui que qua
  cacou coca cuco mico paco copi

- des cannes un coq une école les cubes
  le canard la canne quatre le cou

CONSEILS PARENTS

1. Le son « k » a de nombreuses écritures : *c, q, k*... (voir aussi leçon 40) et *c* peut aussi se prononcer « s » (leçon 36) !
2. Expliquez *picore* et *car* (= *parce que*).
3. Aidez à lire *quatre* et les « petits mots » *qui – que*.
4. Faites observer sans insister le pluriel du verbe : *le coq picore, les poules picorent.*

Le coq picore à côté de l'écurie.
Bobi est en colère.

Bobi est en colère car le coq picore à côté de l'écurie.

1. Les poules picorent à côté de l'écurie.
2. Le coq pique le cou de Bobi.
3. Cocorico ! crie le coq qui est en colère.
4. La cane passe avec ses petits canards.
5. À l'école la petite fille joue avec des cubes.

Maman	a vu	le canard	qui picore.
Papa	regarde	le coq	qui passe.
Paco		la poule	qui court.

■ car encore – qui que – à côté de – en

23

ch
h

un chat

un hibou

un cheval

une chèvre

un chou

la niche

une hutte

- le chat cha cha un cheval che che
  un chou chou chou une chèvre chè chè
  la hutte hu hu un hibou hi hi
- cha cho chi chou ha hou hi he
  chacha chouchou hachi chiche chine
- *des choux le chat la chèvre une niche*
  le cheval un hibou la hutte

Conseils parents

1. La leçon porte surtout sur le son *ch*. Faites observer simplement que *h* tout seul ne s'entend pas.
2. Expliquez *une hutte* (une cabane).
3. Aidez à lire : *Il fait chaud, chez, dehors.*
4. Écriture : *h* ressemble à *l* + *n*.
5. Faites observer les étiquettes vertes (= adjectifs).

Un homme pêche sous un chêne.
Il a un chapeau. Il fait chaud.

Il fait chaud. Sous un chêne
un homme pêche. Il a un chapeau.

1. Papa attache le cheval dehors, sous un chêne.

2. La chèvre blanche goûte un chou.

3. Le petit chat se lèche la patte.

4. Daniel cherche son mouchoir dans sa poche.

5. Le hibou habite à côté d'une petite hutte.

L'homme	attache	le petit	chat.
Daniel	détache	la petite	chèvre.
Papa	a attaché	le joli	cheval.

■ chez dehors – dans sous

tr
br fr...

une brosse

des frites

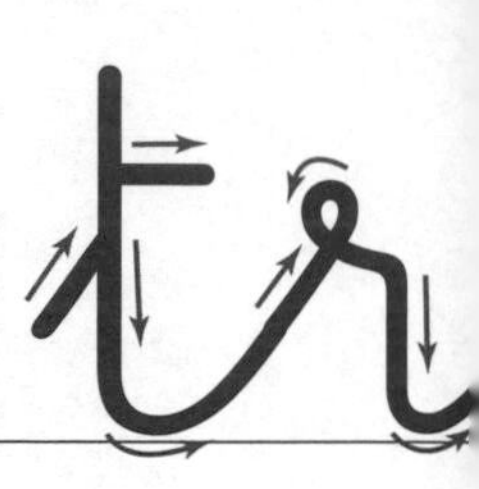

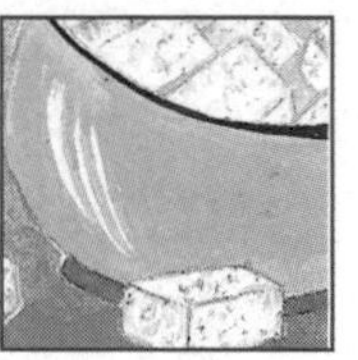

un trou un drap le pré du sucre la cravate

■ un drap dra dra du sucre cre cre
une brosse bro bro un trou trou trou
des frites fri fri le pré pré pré

■ bra trou cro fri dra pri tre cru
froufrou tratra sitro dridri cracra

■ *le sucre un trou les frites le pré*
une brosse des draps une cravate

CONSEILS PARENTS

1. Découverte de 2 consonnes qui se suivent. S'entraîner à les repérer et à les lire en fabriquant des étiquettes, en écrivant des sons, sans et avec les 2 consonnes à la suite : *tou - trou*, *ga-gra*, *fi-fri*, etc.
2. Expliquez et aidez à lire *des acrobaties*.

Valérie tricote dans le pré. Son frère fait des acrobaties.

Daniel fait des acrobaties dans le pré.
Valérie tricote.

1. Valérie se promène dans le pré avec son frère.

2. Bobi fait des drôles d'acrobaties.

3. Le chat a griffé très fort le bras de Papa.

4. Papa a mis une cravate grise.

5. Valérie a mis du sucre sur les fraises à la crème.

La chèvre	se promène	près de	la ferme.
Mon frère	trotte	dans	le pré.
La brebis	broutte	à côté de	l'écurie.

■ près de trop très

25

bl cl pl...

une clé

une plume

le blé

une flûte

une table

un clou

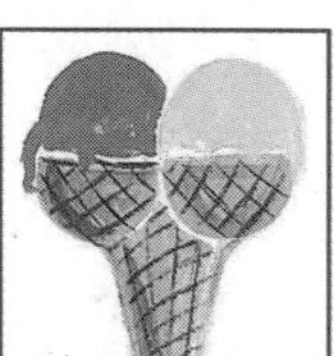
une glace

- une plume plu plu une table ble ble
  la glace gla gla une flûte flû flû
  un clou clou clou la clé clé clé

- pla plu flu flo cli glou blou bla
  glouglou blabla floc plaf plouf

- des glaces les plumes des clous
  une table les clés une flaque

Conseils parents

1. Même démarche que pour la leçon 24. S'entraîner avec des étiquettes : *cou-clou*, *pa-pla*, *go-glo*, etc.
2. Expliquez *une flaque* (d'eau).
3. Faites observez les étiquettes vertes (adjectifs).

Il pleut !
Valérie a pris son parapluie bleu.

Valérie a pris son parapluie bleu car il pleut.

1. Valérie a un joli parapluie bleu.
2. Elle glisse dans une flaque.
3. Bobi joue dans une flaque. Plouf !
4. Papa accroche la clé de l'étable à un clou.
5. Daniel a pris une glace à la crème.

Valérie	a pris	un parapluie	bleu(e).
Papa	a mis	une blouse	gris(e).
Daniel	a	une cravate	blanche.

■ plus plutôt car

26

une étoile

une poire

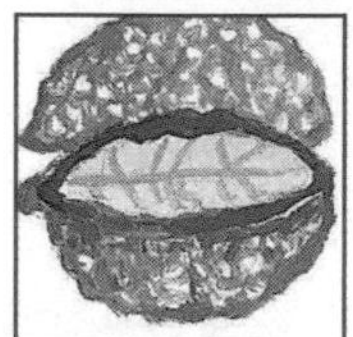

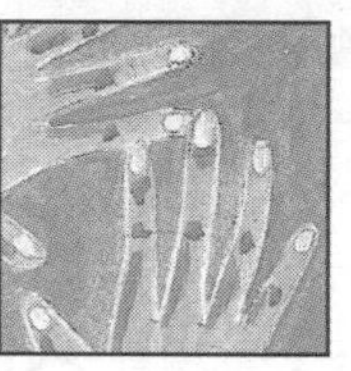

le roi | une noix | du bois | les doigts | trois

- le toit toi toi — un doigt doi doi
  le roi roi roi — une noix noi noi
  un bois boi boi — trois troi troi

- soi voi joi moi toi froi loi coi

- le poivre la foire une pivoine droit
  il s'assoit il aboie elle voit il a froid

trois un roi du bois mes doigts

des étoiles la poire des noix droit

Conseils parents

1. Votre enfant lit de mieux en mieux : à partir de cette leçon, les mots nouveaux augmentent. S'il a du mal à déchiffrer un de ces mots, comparez-le toujours à des mots qu'il connaît (illustrés si possible) : *poivre* commence comme *poire*.
2. Même principe que « ou » (leçon 16) : 2 voyelles *o* + *i* donnent ensemble un nouveau son « *wa* ».
3. Expliquez *une pivoine*, *fou de joie*.
4. Attirez l'attention sur les « petits mots » très fréquents : *moi, toi, soi – voici, voilà*.

C'est le soir. Les oies vont boire à la mare.

Les oies vont boire à la mare le soir.

1. C'est le soir. Il fait très noir.
2. L'oie va boire car elle a soif.
3. Le soir Valérie s'assoit et regarde les étoiles.
4. Bobi est fou de joie. Il aboie.
5. Voilà Papa. Il s'assoit près du feu de bois.

Daniel	voit	des	étoiles.
Valérie	a vu	une	poire.
Papa	a mangé	trois	étoile.

■ voici voilà car – moi toi soi

27

eu
œu

le feu

deux fleurs

un jeu — les cheveux — un pêcheur — un cœur — un nœud

- le feu — feu feu — la fleur — fleu fleu
  des jeux — jeu jeu — le pêcheur — cheu cheu
  les cheveux — veu veu — un nœud — nœu nœu
- neu peu beu seu meu pleu preu
- jeudi — du bleu — un peu — heureux — deux
  l'heure — neuf — un bœuf — un œuf — ma sœur

le pêcheur — un œuf — bleu — un cheveu

heureux — le jeu — un nœud — une heure

CONSEILS PARENTS

1. Étude des deux écritures de deux sons légèrement différents : « *eu* » : *un jeu – une fleur*; « *œu* » (plus rare) : *un œuf – des œufs.*
2. Écriture : n'insistez pas sur le « e dans l'o » de *œuf* qui a tendance à disparaître.
3. Faites observer les noms de métiers dans les étiquettes en *eur/euse* : *danseur/danseuse, chanteur/chanteuse, coiffeur/coiffeuse.*

Il est deux heures ! Daniel et Valérie jouent près du feu. Ils sont heureux.

Daniel et Valérie sont heureux.
Ils jouent près du feu.

1. Daniel et Valérie sont heureux tous les deux.
2. Daniel a pris un jeu. Il joue à côté du feu.
3. Valérie a mis une belle robe neuve.
4. Maman et Papa sont restés un peu chez eux.
5. Valérie a mis un nœud bleu dans ses cheveux.

Martine	est	danseur/danseuse.
Pablo	sera	chanteur/chanteuse.
Il / Elle	a été	coiffeur/coiffeuse.

■ un peu mieux seulement chez

28

on
om

le mouton

une pompe

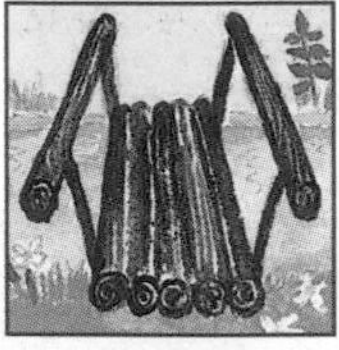
le pont

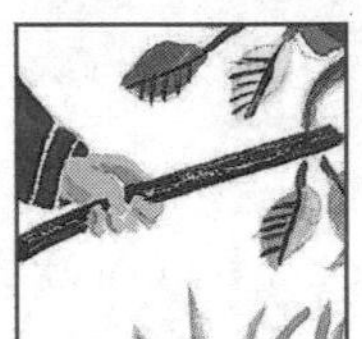
un bâton

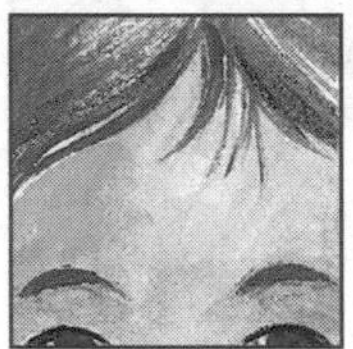
le front

le savon

il tombe

- mouton ton ton un pont pon pon
  un front fron fron une pompe pom pom
  du savon von von il tombe tom tom

- bon ron lon flon nom dom gon

- mon oncle le tronc une maison une ronde
  les ongles un blond il bondit une ombre

un ongle des pompes le savon les ronds

mon front elle tombe il bondit le pont

Conseils parents

1. Votre enfant retiendra facilement la règle ***on/om* : *m* devant le *b* ou *p*.** En lecture, la difficulté vient du découpage syllabique du type *une pom/pe, une po/mme.*
2. Expliquez *il bondit.*
3. Mettez le ton pour lire les phrases formées par les étiquettes avec un point d'exclamation, en page de droite.

Daniel garde Pompon son mouton. Il est assis à l'ombre.

À l'ombre, Daniel garde Pompon son mouton.

1. Papa est assis à l'ombre contre la maison.
2. Bobi bondit et le mouton retourne dans le pré.
3. Daniel coupe un bâton dans un buisson.
4. Valérie lave le front de sa poupée avec du savon.
5. La maman chante une chanson à son bébé.

Mon	pompe				sa	pompe !
Ta	bâton	!	Non	c'est	son	savon !
Ton	savon				ma	bâton !

■ mon ton son – contre le long de

29

au eau

du jaune

un bateau

= o

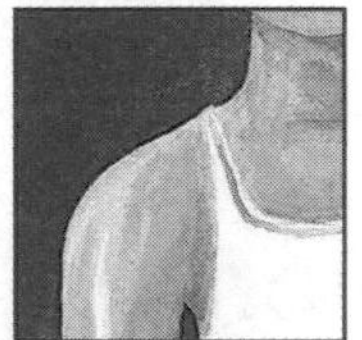
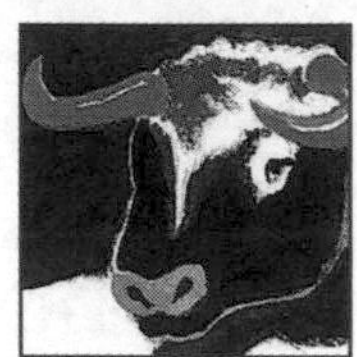

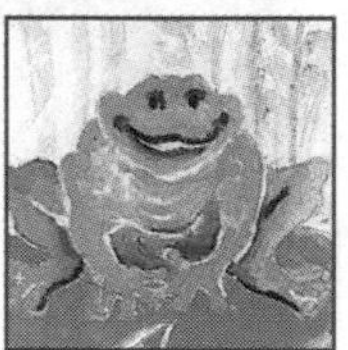

l'épaule un taureau un fauve un gâteau un crapaud

- jaune jau jau un bateau teau teau
  le taureau tau tau un fauve fau fau
  l'épaule pau pau le crapaud pau pau

- chau bau sau leau vau grau dau

- une auto un tableau un veau une faute
  un ruisseau des chevaux c'est chaud

les ruisseaux un bateau le jaune

mon épaule du gâteau des fauves

CONSEILS PARENTS

1. Étude de deux nouvelles écritures du son « o » : *au* et *eau* (plus rare).
2. Expliquez *un fauve*. Aidez à lire *aujourd'hui*.
3. Faites observer, sans insister, les pluriels des noms : *des chaussures – les ruisseaux – les oiseaux*
4. Faites observer les étiquettes vertes (adjectifs).

Paul a ôté ses chaussures et il a mis son beau bateau sur l'eau.

Paul a mis sur l'eau son beau bateau.

1. Daniel regarde les beaux bateaux qui sont sur l'eau.
2. Maman a acheté des chaussures et un chapeau.
3. Aujourd'hui, Valérie a mis un manteau jaune.
4. Le papa de Daniel ramène le troupeau de veaux.
5. Il fait beau et chaud. Bobi court après les oiseaux.

Valérie	a mis	un chapeau	jaune.
Papa et maman	a	des chaussures	mauve.
Daniel	ont	un manteau	jaunes.

■ aussi autant aujourd'hui beaucoup

er eur
or ir... our oir

une porte

un mouchoir

la mer

le mur

un canard

la tortue

la cour

- la tortue tor tor un mouchoir choir choir
  la mer mer mer une porte por por
  la cour cour cour un canard nar nar

- bar car tir pur ver fer mor tor bor

- une marche des cornes c'est dur du fer
  mercredi un ours le jour un coureur une tour
  des portes le canard le mouchoir
  le mur la mer des tortues une fleur

Conseils parents

1. Lecture : Attention, on entend « erre » dans *mer* et *fer*, mais on entend « é » dans *marcher*.
2. Faites observer, sans insister, les pluriels des verbes : *regarde* – *regardent*.

Daniel est à côté du chauffeur du car.
Le car s'arrête pour que
les canards traversent.

Pour que les canards traversent,
le chauffeur arrête le car.

1. Daniel ferme la porte et part. Le car arrive.
2. Le canard s'arrête près du mur de la ferme.
3. Le chauffeur regarde d'abord le bord de la route.
4. Maman sort : elle va au marché du mercredi.
5. Le chauffeur arrête le car près du trottoir.

Le canard	regardent	et	traverse.
Le chauffeur	regarde		traversent.
Les canards			s'arrêtent.

■ par car sur – d'abord encore

révision  5

pau	le pauvre	rou	la route	jeu	jeudi
sau	il saute	fou	la foule	peu	la peur
fau	une faute	bou	une boule	neu	neuf
chau	la chaussure	jou	la joue	meu	un meuble
mau	mauve	cou	elle coule	heu	heureux
tau	une taupe	trou	la troupe	veu	il veut

tri	un tricot	fri	une frite	plu	une plume
pru	une prune	dre	un cadre	fla	une flaque
vre	un livre	cri	un cri	gli	je glisse
gru	une grue	bra	bravo	ble	une table
pro	propre	dro	drôle	clé	la clé
gra	une grappe	cra	un crabe	clou	un clou

pon	un pont	som	sombre	poi	une poire
von	du savon	tom	je tombe	voi	une voile
ton	du coton	nom	le prénom	toi	une étoile
lon	un ballon	pom	la pompe	boi	une boîte
ron	une ronde	bom	la bombe	troi	trois oies
gron	il gronde	trom	la trompe	croi	une croix

CONSEILS PARENTS

Révision 5 : Il est important que votre enfant arrive à lire rapidement les groupes syllabiques de 3 ou 4 lettres.

Révision 6 : C'est un bon test pour connaître les progrès de votre enfant. Marquez une pause et revoyer les leçons précédentes s'il a du mal à lire ces phrases.

révision 6

g	**1.**	Bobi a galopé. Il est fatigué.
c	**2.**	Nicolas joue à côté de l'école.
ch	**3.**	Le cheval, la chèvre et la vache sont sous le chêne.
tr pr gr	**4.**	Valérie tricote dans le pré. Bobi est près d'elle. Il se gratte.
pl gl fl	**5.**	Il pleut ! Les canards glissent sur les flaques. La pluie lave leurs plumes.
oi	**6.**	Daniel a soif. Il boit du jus de poire.
eu	**7.**	C'est jeudi le ciel est bleu. Daniel et Valérie sont heureux.
on om	**8.**	Pompon le petit mouton passe sous le pont et arrive à la maison.
au eau	**9.**	Les oiseaux volent au-dessus du ruisseau.
ar ir	**10.**	Daniel et Valérie sont en retard. Ils vont courir pour ne pas rater le car.

31

es · as is... · ec · ac ic...

une veste

le sac

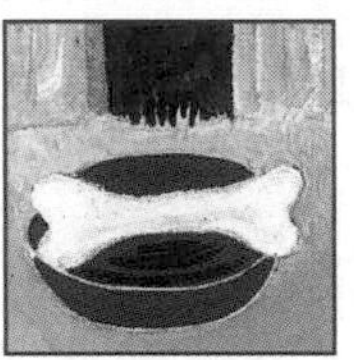

le bec le lac un os le moustique un lustre

- un lustre lus lus un lac lac lac
  un os os os un sac sac sac
  une veste ves ves le bec bec bec

- pos cos cas lus tis pac vac
  mic tic sec suc rac lac sic

- une vis une cascade une bascule
  le reste la poste un costume un parc
  des chocs un pic un bloc tic-tac

CONSEILS PARENTS

1. Difficulté : pour tous les mots en *es* ou *ec*, notez la transformation du son « e » en « ê » dans *bec*, *veste*, etc.
2. Expliquez *un lustre*, *une bascule*.
3. Début des dictées (que vous ne devez pas transformer en examen ni en punition !). Votre enfant écrira sur un cahier de brouillon. C'est une dictée « préparée ». Votre enfant lit avec vous plusieurs fois la dictée. Dictez d'abord quelques mots difficiles (*la poste*, *à côté*...). Corrigez ensemble en relisant. Dictez ensuite le texte complet.

Maman va à la poste.
Valérie lui porte son sac.

1. Maman a mis sa belle veste et elle a pris son sac.
2. Papa va faire des courses. Il va acheter un costume.
3. Valérie arrive à la poste. Elle a un sac en plastique.
4. Dans le parc, Daniel est assis sur un bloc de pierre.
5. En octobre, les arbres du parc sont secs.
6. Daniel court au bord du lac avec son ami Luc.

■ *Dictée :*

Eric va à la poste. La poste est juste à côté, rue du Lac.

ai ei

une chaise

une reine

= 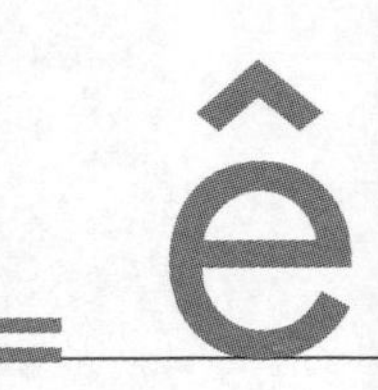

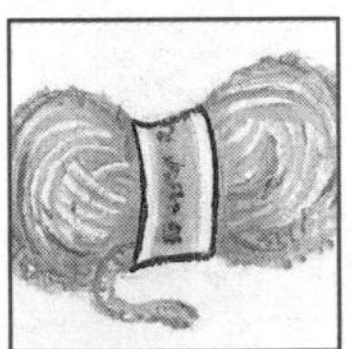

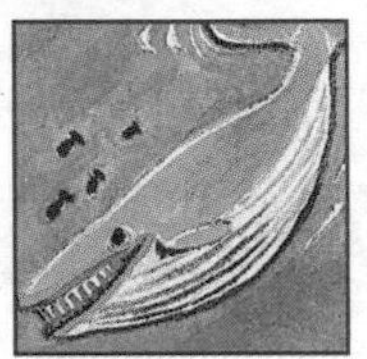

la laine un éclair la baleine la neige seize

- la chaise chai chai la neige nei nei
  un éclair clai clai seize sei sei
  la laine lai lai la reine rei rei

- vrai bai rai sai tai mai prai
  pei nei lei clai plei vei brei

- je sais je fais il se tait les ailes l'air
  un quai la semaine la craie une paire
  un peigne de la peine seize treize

Conseils parents

1. Deux nouvelles écritures du son « ê » : *ai* et *ei*; *ai* est plus fréquent.
2. Expliquez la couleur *beige*, un *nombre pair* (2, 4, 6…) « comme des paires de chaussures ».

Valérie achète de la laine beige.
Cette semaine elle fait un habit pour sa poupée.

1. Valérie choisit de la laine beige clair.
2. La semaine prochaine, Daniel va faire du vélo.
3. Valérie voudrait un peigne pour se faire des nattes.
4. Bobi aime jouer avec des pelotes de laine.
5. Je sais que seize est un nombre pair.
6. Il neige. Papa a mis une veste épaisse.

■ *Dictée :*

Cette semaine, il neige. Valérie a mis un pull de laine beige.

33

in
im

un lapin

un timbre

un dindon

un moulin

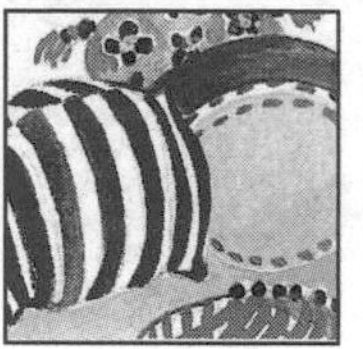
des coussins

vingt

quinze

- un lapin pin pin cinq cin cin
  un coussin ssin ssin vingt vin vin
  des dindons din din quinze quin quin

- din rin lin pin sin vin pim
  min im lim tim brin crin clin

- le matin le bassin un pinson un chemin
  un médecin des patins un gamin
  un grimpeur impoli imprudent impossible

CONSEILS PARENTS

1. La difficulté du choix entre *in* et *im* est la même que pour *an/am* : **m devant *b* et *p*.**
2. Autre difficulté : le découpage des syllabes : *un din/don, le dî/ner.*
3. Expliquez *un pinson, un gamin.*
4. Faites observer les contraires : *poli/impoli, prudent/imprudent.*

Valérie et Daniel arrivent dans un jardin public. Il y a des grands sapins et un joli bassin.

1. Dans le jardin, il y a des lapins et des dindons.

2. Il y a des sapins à côté du moulin.

3. Vincent est malade. Ce matin il va chez le médecin.

4. Le cousin de Daniel a quinze ans le cinq juin.

5. Ce gamin est imprudent. Il court près du bassin.

6. Daniel a invité des copains pour faire du patin.

■ *Dictée :*

Vincent a vu des lapins dans le jardin du moulin.

34

an
en

un enfant

une lampe

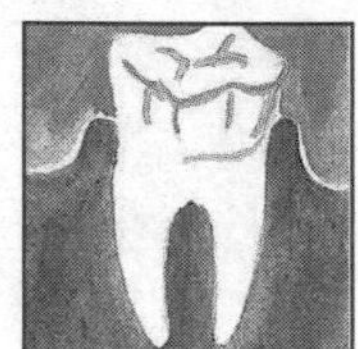

elle danse · une dent · le vent · la tempête · une jambe

- un ruban ban ban · une dent den den
  un enfant fan fan · le vent ven ven
  une jambe jam jam · la tempête tem tem

- dan man lan san ban cam jam
  ven pen den sen ten ren tem

- une amande · je chante · blanc · le jambon
  la campagne · il sent · elle attend · le temps
  le printemps · un tambour · un champ

Conseils parents

1. Mêmes remarques que pour ***in/im* : *m* devant *p* et *b*.**
2. Autre difficulté : le découpage des syllabes : *du jam/bon, ja/mais.*
3. Écriture : faites observer l'orthographe difficile de *temps, printemps.*

Maman déjeune au restaurant
avec ses enfants.
Ils sont grands maintenant.

1. Au restaurant, les enfants mangent du jambon.
2. Valérie a mis son manteau blanc et ses gants.
3. Daniel chante en tapant sur un tambour.
4. Vincent a mal aux dents. Il attend chez le dentiste.
5. J'entends les enfants qui jouent dans les champs.
6. Il fait mauvais temps, le vent souffle en tempête.

■ *Dictée :*

Les enfants sont contents de manger au restaurant avec maman.

35

S 
une rose

un oiseau

= Z

le visage une maison du raisin des fraises une église

- la rose ose ose — le visage isa isa
  une église ise ise — une fraise aise aise
  du raisin aisin aisin — la maison aison aison

- ase ise use ose ouse èse asa
  usi isi isa ause oise usou osin

- une chose un baiser mon cousin du poison
  une blouse une voisine un magasin
  la musique il s'amuse il se déguise

CONSEILS PARENTS

1. La lettre *s* se prononce « z » entre deux voyelles (r**os**e). La lettre *z* est plus rare. Elle sera étudiée leçon 38 (mais vous pouvez la montrer si votre enfant cite des mots comme *zèbre* en exemple du son « z »).
2. Expliquez *du poison*, *une blouse*, *rusé* (malin).

Maman veut acheter des chemises dans un magasin. La vendeuse lui propose une chemise rose.

1. Maman a croisé une voisine devant le magasin.
2. Valérie mange des fraises dans la cuisine.
3. Lise a acheté un joli chemisier rose.
4. Papa rase sa barbe grise avec son rasoir.
5. Mon cousin joue de la musique avec ses amis.
6. Bobi est rusé. Il s'amuse avec les oiseaux.

■ *Dictée :*

Dans la vitrine du magasin, il y a des chemises grises et des chemisiers roses.

36

c ç = s

un cirque

un garçon

 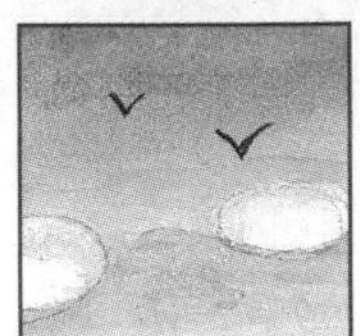   

une glace le ciel la balançoire cinq cent

- le cirque cir cir cinq cin cin
  la glace ce ce cent cen cen
  garçon çon çon la balançoire çoi çoi
- ce cé ci ceu cè cin cié cen ces
  ça ço çu çou çon çoi çan
- la cendre un centime du cidre le médecin
  glacé placé une racine la trace
  le pouce une leçon un maçon un glaçon

Conseils parents

1. La lettre *c* se prononce « s » devant *e* et *i*. Il faut une cédille pour obtenir le même son « s » devant *a, o, u, ou, on…* Le *c* cédille est facilement reconnu par les enfants.
2. Expliquez *la cendre*.

Le cirque est arrivé sur la place du village. Daniel et Valérie iront cet après-midi à la séance de cinq heures.

1. Au cirque Valérie regarde le clown qui fait des grimaces.
2. Cédric s'est cassé le coude. Il va chez le médecin.
3. Daniel est au cinéma. Il suce une glace à la cerise.
4. Le vent a déraciné le cerisier.
5. Le petit garçon se balance sur la balançoire.
6. En décembre, la rivière est glacée.

■ *Dictée :*

Le vent de décembre a déraciné cinq cents arbres.

g **le genou** **une bougie** = j

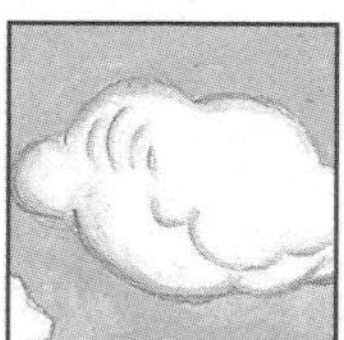

un géant un gigot un agent un plongeon un nuage

- le genou ge ge un nuage ge ge
  du gigot gi gi le géant gé gé
  l'agent gen gen le plongeon geon geon

- ge gé gi geo gea gê
  gen gin geon gei gim

- une page une luge une gifle les gens
  un bougeoir je nage il bouge elle range
  une girafe un piège agité courageux

Conseils parents

1. Étude du deuxième son du *g* : « j » devant *e* et *i* (« gue » a été vu leçon 21).
2. Expliquez *un gigot, un bougeoir, la ménagerie.*

Daniel et Valérie visitent la ménagerie du cirque. Un géant appelle les gens. Venez voir les girafes et la cage des lions !

1. Dans la ménagerie, les gens regardent les singes.
2. L'horloge de l'église du village sonne. C'est l'heure de ranger les livres et les images.
3. Il neige. Valérie fait de la luge. C'est génial !
4. Il y a des nuages. L'orage arrive.
5. À la piscine, les gens vont nager et plonger.
6. Gilles a un garage rouge. Il joue avec Gérard.

■ *Dictée :*

Dans la ménagerie, il y a des singes qui s'agitent dans une cage géante.

38

Z

un zèbre

le zoo

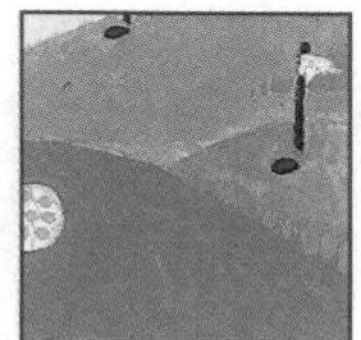

du gazon

zéro

un chimpanzé

un zigzag

un lézard

- un zigzag zig zig zéro zé zé
  un zèbre zè zè le zoo zo zo
  le gazon zon zon un lézard zar zar

- zo za zi zou zu zeu zé zon

- le gaz un zèbre une gazelle une zone
  onze c'est bizarre une rizière Zorro
  zut ! une azalée l'azur bronzer

Conseils parents

1. Le *z* est facile à lire mais plus difficile à écrire. La seule difficulté de lecture est celle des terminaisons en *ez* qui seront vues leçon 42 : *vous chantez*.
2. Expliquez *zigzag, zone, une azalée, l'azur.*
3. Pour la phrase encadrée, vous pouvez compter avec votre enfant de zéro à douze.

Un clown bizarre compte jusqu'à douze. « Zéro… dix – onze – douze ! » et le trapéziste s'élance.

1. Au zoo, il y a des gazelles et des chimpanzés.
2. Au zoo, il y a aussi des animaux bizarres : des zèbres, des zébus et des zibelines.
3. Zazie s'est couchée sur le gazon. Elle veut bronzer.
4. Elle a vu un lézard qui zigzaguait sur le gazon.
5. J'aime les roses, les azalées et les iris.
6. Dix plus un onze, dix plus deux douze.

■ *Dictée :*

En Afrique, il y a des gazelles, des zèbres et des chimpanzés.

39

gn

un champignon

une montagne

un peigne	la campagne	une baignoire	un chignon	un agneau

- la montagne   un peigne   gne   gne
  un champignon   un chignon   gnon   gnon
  un agneau   gneau   gneau
- gne   gna   gnon   gné   gno   gner
- la vigne   une signature   une ligne
  un cygne   une araignée   une cigogne
  gagner   peigner   signer   baigner
  magnifique   il est mignon   il est grognon

Conseils parents

1. *g* + *n* = « nieu », c'est un son facile à retenir.
2. Expliquez *un chignon*, *des lorgnons* et *montagnard* (de la même famille que *montagne*).

Au signal les clowns arrivent.
Les enfants sont alignés au bord de la piste. Un clown se cogne et tombe par terre. Il grogne.

1. Les enfants, il faut vous baigner et vous peigner. Vous serez mignons.
2. Daniel s'est cogné contre la baignoire. Il grogne.
3. Les montagnards habitent à la montagne et les campagnards à la campagne.
4. Au zoo, Agnès a vu des cigognes, des cygnes et des araignées géantes.
5. Mamie a un chignon et des lorgnons.

■ *Dictée :*

À la campagne, Agnès a ramassé de magnifiques champignons.

40

K qu ch

un kilo

un orchestre

= 

un képi un koala une barque quatre la chorale

- des kilos ki ki une barque que que
  un koala ko ko quatre qua qua
  le képi ké ké une chorale cho cho

- ki ko ka kan kou ké ku qui que

- la kermesse un kiosque un kayak
  un kimono le karaté un chronomètre
  du chlore un chrétien des choristes
  une qualité une quantité la queue

Conseils parents

1. Le son « k » a quatre écritures différentes : *c*, *qu* très fréquent dans les « petits mots » *qui*, *que*, *quoi*…, *k*, plus rare mais que l'on voit plus souvent dans des mots d'origine étrangère (comme *karaté*), *ch* beaucoup plus rare.
2. Le vocabulaire de cette leçon est difficile. Expliquez *kiosque*, *polka*, etc.

Un kangourou entre dans le cirque.
L'orchestre joue une curieuse musique.
C'est la polka des kangourous.
Les enfants claquent des mains.

1. Le kangourou du cirque joue de la musique.
2. Les koalas sont des animaux curieux.
3. La chorale a chanté pour la kermesse de l'école.
4. Catherine s'est acheté un kimono pour faire du karaté. Elle est contente.
5. Qui est-ce qui te taquine ? C'est Katie.
6. Qui est-ce qui parle ? Je pense que c'est lui.

■ *Dictée :*

Le kangourou du cirque a une longue queue.

révision 7

ai ei	Valérie est coquette. Elle voudrait un peigne et des rubans pour ses cheveux. Elle achète un joli ruban bleu clair. Elle sort du magasin fière comme une reine.
in im	Un pinson, impatient, un brin d'herbe au bec, vole dans les arbres qui entourent le joli moulin.
en an	C'est la tempête : le vent souffle. Il empêche pour le moment les enfants de sortir, et pourtant, ils en ont grande envie.
c ç = s	Hélas ! la tempête a fait des dégâts. Le beau cèdre bleu a été déraciné par le vent. Il ne s'élance plus vers le ciel. Pauvre cèdre ! En tombant il a démoli la façade du cinéma.

Conseils parents

Révisions 7 - 8 : Avant la lecture de chacun de ces petits textes, on peut revoir rapidement la page de gauche de la leçon où le son correspondant a été appris.

révision 8

k qu

Le kangourou est un animal bizarre. Il a une poche sous le ventre. Sa tête ressemble à celle d'un âne. Ses pattes de devant sont très courtes. Ses pattes de derrière sont fortes et lui servent à sauter. Sa queue est longue et épaisse.

eur
our
oir

Des coureurs, montés sur leur vélo, vont partir pour une course autour de la ville. Daniel a peur de ne pas pouvoir les voir car Maman l'appelle.

os
us
as
es

Allons à la poste, dit Maman. Elle se trouve juste à côté du marché. Hélas ! s'écrie Daniel qui regrette de ne pas voir la course. Maman le tire par sa veste. Elle a peur de perdre son fils.

ec
ac
ic

Maman sort de la poste avec son fils. Valérie marche seule à côté. Elle est fière. Elle porte le joli sac, couleur mastic, de sa mère.

41

ain ein... = in

la main

la peinture

ain	aim	ein	un/um
		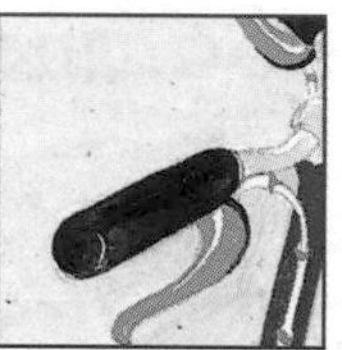	
du pain	un daim	les freins	lundi
un train	la faim	une ceinture	brun
du grain		plein	chacun
un bain		une feinte	du parfum

1. J'ai faim. Je mange plein de pain.

2. Lundi, Alain prend le train pour Melun.

3. Germain aime la peinture.

4. Papa a une ceinture de cuir brun.

5. N'oublie pas le frein à main.

CONSEILS PARENTS

1. À partir de cette leçon, on n'étudie plus le découpage en syllabes que votre enfant doit avoir compris pour passer à la lecture de phrases en page de gauche et de vrais textes dans la page de droite.
2. Le son « in » a énormément d'écritures différentes. Ne vous étonnez pas si votre enfant les mélange au début. N'allez pas trop vite, revoyez si nécessaire la leçon 33.
3. Expliquez *brun* (et faites remarquer le féminin *brun/brune*), *un daim.*

Les magasins.

1. Aujourd'hui c'est lundi. Après l'école, Daniel et Valérie font des courses avec Maman. Maintenant il faut acheter du pain, dit Maman.

2. Voilà la boulangerie. Le magasin est plein. Tant pis ! On reviendra demain. Mais Daniel a faim. Il se plaint. Je veux un pain aux raisins !

3. Ne sois pas vilain, dit Maman. Chacun va faire une course et après vous aurez une surprise.

4. Valérie tu vas m'acheter du parfum. Daniel et moi, nous irons acheter de la peinture pour repeindre la salle de bains.

■ *Dictée :*

Le petit poulain brun a faim.

Daniel lui donne du pain.

42

er ez...

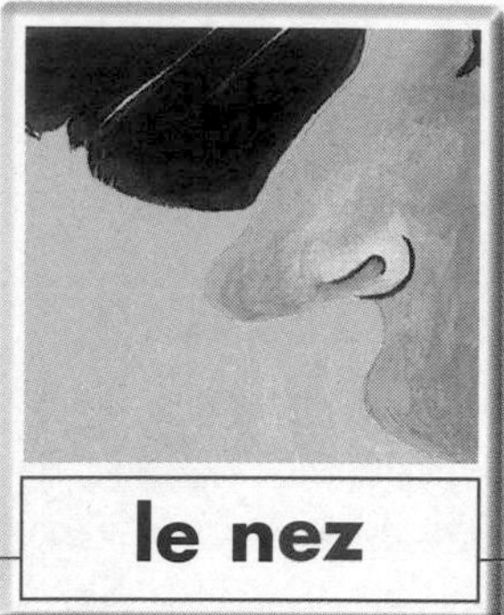

le nez

un panier

= 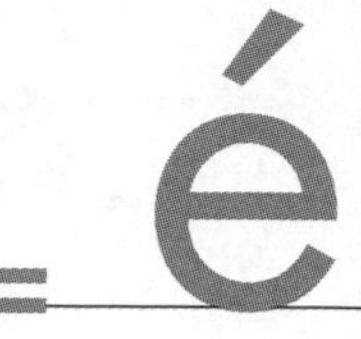

er	ez	ier	ied
			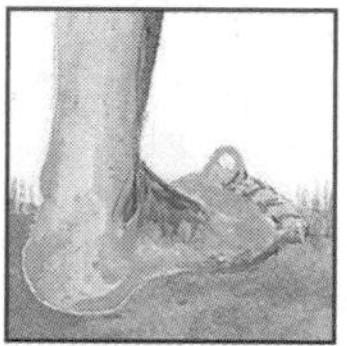
un boucher le boulanger manger chanter	un cache-nez dansez ! chantez ! chez	un pommier un poirier un rosier un fraisier	un pied casse-pieds

1. Olivier va chez le boucher acheter du pâté pour le dîner.
2. Le jardinier a mis des rosiers dans son panier.
3. Roger s'est cassé le pied. Il ne peut plus marcher.
4. Allez ! Venez danser et chanter chez Didier.
5. Les amis d'Olivier sont venus nous chercher.

Conseils parents

1. Le son « é » peut s'écrire de plusieurs façons différentes. Ne pas oublier le *é* = *es* des petits mots : *les, mes, tes...*
2. *er* ou *ier* se prononcent différemment dans *boucher* et *cher*, dans *rosier* et *hier* ! Ces écritures sont très fréquentes à la fin des noms de métiers, de plantes...
3. Expliquez *une tarte meringuée, à cloche-pied.*

Chez le pâtissier.

1. Il est quatre heures et demie. Allons acheter des gâteaux pour le goûter ! dit Maman. La vitrine du pâtissier se trouve à côté de la boutique du cordonnier.

2. J'aimerais bien être pâtissier, déclare Daniel. Quel beau métier ! Choisissez ce que vous voulez avant d'entrer, dit Maman.

3. Daniel n'arrive pas à se décider. Valérie choisit une tarte meringuée et Daniel un éclair au café.

4. Maman entre dans la boutique du pâtissier. Elle met les gâteaux dans son panier. Pendant ce temps, en sautant à cloche-pied sur le trottoir, Daniel est tombé et s'est cogné le nez. Calmez-vous, dit Maman. Nous allons rentrer pour goûter.

■ *Dictée :*

Un pommier donne des pommes, un poirier, des poires et un fraisier des fraises !

43

et erre...

un poulet

un verre

= 

et	ette	er/erre	esse	el/elle
				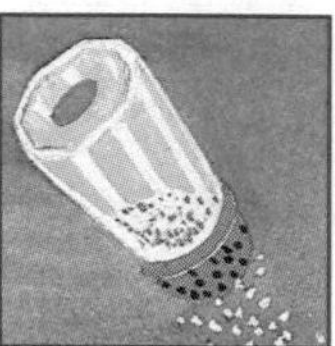
un bouquet	une brouette	un ver	des tresses	du sel
un jouet	des lunettes	du fer	la vitesse	une pelle
un paquet	la galette	la terre	la caresse	une ficelle
un béret	une assiette	une pierre	l'adresse	la marelle

1. Pierre a mis une pelle dans sa brouette.
2. Valérie a des belles tresses. Elle est coquette.
3. Colette joue à la marelle. Elle tombe par terre.
4. Papy a réparé ses lunettes avec de la ficelle !
5. Le facteur apporte un paquet à toute vitesse.

Conseils parents

1. *e* se prononce « ê » dans *bouquet* ou *brouette* de la même manière que dans *bec* et *veste* à la leçon 31 (revoyez-la si nécessaire).
2. Expliquez *une galette, un béret, une courette, embarrassé, déguster.*
3. Faites observer le doublement des consonnes : *terre, tresse, pelle,* etc.

Le goûter.

1. À la maison, maman met sur la table des assiettes et des fourchettes. Valérie est bien embarrassée, elle n'arrive pas à couper sa tartelette.

2. La fourchette glisse sur l'assiette et tombe par terre et Maman rattrape la tartelette au vol. Daniel mange son éclair avec les doigts. Il le déguste sans perdre une miette.

3. J'ai soif, dit Daniel. Il boit un verre de lait à toute vitesse. Valérie caresse Bobi qui joue par terre avec une belle balle.

4. Viens, dit Daniel à Valérie. On va jouer à la marelle dans la courette. Quelle bonne idée, répond Valérie.

■ *Dictée :*

Il faut mettre le couvert ! Voilà les assiettes, les verres et les fourchettes.

44

ien
ion...

un chien

un camion

ien	ion/ian	io	ienne/ionne
		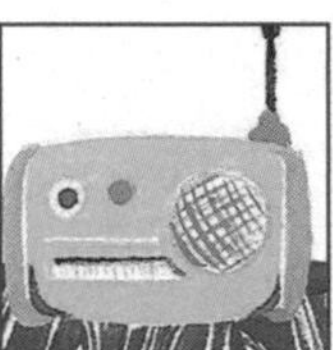	
un musicien	un lion	la radio	une chienne
c'est bien	un pion	un chiot	la mienne
rien	un avion	un chariot	une lionne
il vient	la viande	c'est idiot	passionné

1. Ces musiciens jouent à la radio et à la télévision.
2. Le gardien du zoo donne de la viande aux lions.
3. Mon chien s'amuse bien avec le tien.
4. Adrien regarde une émission sur les avions.
5. Giovanni est italien et Adriana est italienne.

Conseils parents

1. La prononciation de *ien/ienne* est la plus délicate. L'enfant peut, par exemple, dire *ri-an* pour *rien.*
2. Expliquez *un chiot, passionné.*
3. Faites observer oralement les changements masculin – féminin de noms de métiers ou de nationalités : *musicien/musicienne, pharmacien/pharmacienne, italien/italienne,* etc.

Un bon chien.

1. Bobi est un bon gardien. Quand il entend un camion ou un avion passer dans le ciel, il prévient ses maîtres.

2. Quand Papa se lève le matin, il allume la radio et Bobi vient tout de suite à côté de lui. Papa lui donne des boulettes de viande. Quand Papa va à la chasse, Bobi rapporte le gibier. C'est bien, dit Papa, tu es un bon chien.

3. Le soir quand Daniel et Valérie regardent la télévision, le chien vient se coucher à leurs pieds.
Aujourd'hui ils regardent une émission sur un musicien italien. Bobi a l'air de bien aimer cette émission, dit Valérie ! C'est un chien musicien !

■ *Dictée :*

Sébastien est malade. Papa va chez le pharmacien. Il reviendra bientôt.

45 tion tie...

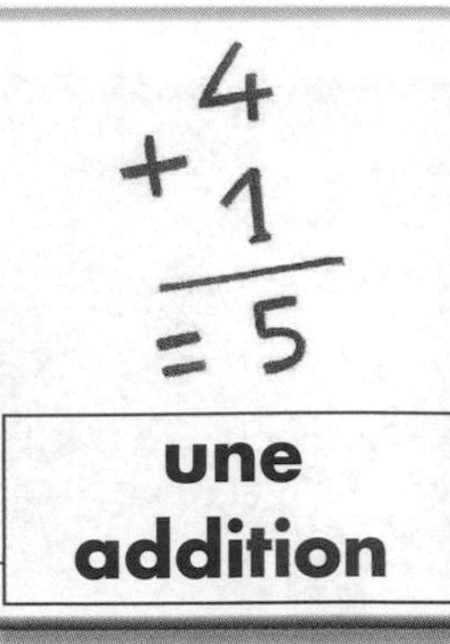

une addition

une acrobatie

tion	tion	tie	tia/tieu
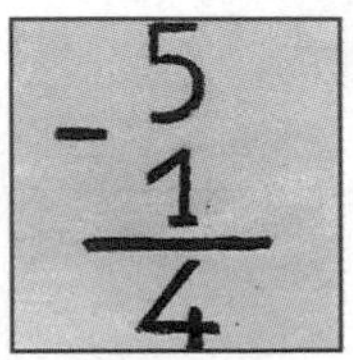			
la soustraction	Attention !	l'acrobatie	les initiales
l'opération	la station	la patience	minutieux
la récréation	l'action	une péripétie	
l'inondation	la natation		

Attention : *une quest<u>ion</u>.*

1. L'addition et la soustraction sont des opérations.

2. Daniel joue avec un jeu de construction.

3. Tu fais des acrobaties. Fais attention !

4. Valérie a de la patience. Elle est minutieuse.

5. Pendant la récréation, Donatien a eu une punition.

CONSEILS PARENTS

1. La terminaison en *tion* = *sion* est très fréquente mais surprenante pour les enfants.
2. Expliquez *péripétie, minutieux, pilotage.*

Le terrain d'aviation.

1. Daniel et Valérie ont reçu une invitation pour visiter un terrain d'aviation et assister à une démonstration de pilotage.

2. Valérie est en admiration. Dans le ciel, un petit avion fait des acrobaties au-dessus du terrain. L'appareil se retourne. Le pilote vole la tête en bas. Mais l'appareil se redresse et continue son vol. Quelle émotion !

3. Daniel regarde les avions à réaction alignés sur le sol. Il admire les aviateurs. Il sait qu'il faut beaucoup de patience pour apprendre le métier de pilote. Il en parle souvent avec ses camarades pendant les récréations, à l'école. Il leur montre sa collection de photos d'avions.

■ *Dictée :*

Après l'orage, il y a eu une inondation dans la cour de récréation. Il faut faire attention.

46

ille aill...

des billes

un papillon

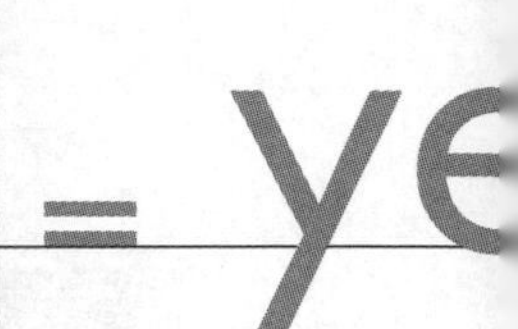

ille	aill	ouill	euill/eille

des quilles	un caillou	une grenouille	une feuille
une grille	un maillot	des nouilles	une abeille
une fille	la bataille	la bouillie	une bouteille
la famille			

Attention : *une v<u>ille</u>, un v<u>ill</u>age, m<u>ille</u>.*

1. Dans ma famille, il y a beaucoup de filles.

2. Daniel veut jouer aux billes et Valérie aux quilles.

3. La chenille se transforme en papillon.

4. La grenouille se cache sous une feuille de nénuphar.

5. À midi, j'ai mangé des nouilles et une glace à la vanille.

Conseils parents

1. Trois leçons (46 – 48 – 50) portent sur les écritures du son « ye ». Elles sont complexes. Il est normal que votre enfant les confonde. Il faudra plusieurs années d'école pour les distinguer clairement.
2. Expliquez *boitiller, gazouiller, chenille, grillon* (vous pouvez regarder ensemble les animaux cités dans un dictionnaire illustré).

En famille.

1. Aujourd'hui le soleil brille. Toute la famille va au jardin public.

2. Dans une allée, une petite fille joue aux quilles. Deux garçons se disputent une jolie bille bleue. Sur la pelouse, des abeilles voltigent autour des fleurs. Un oiseau sautille sur une branche en gazouillant. Un grillon chante dans l'herbe. Des grenouilles dorment au bord de l'étang.

3. Valérie veut attraper un papillon aux ailes brillantes. Elle le suit en sautillant. Hélas ! Elle ne regarde pas à ses pieds. Elle glisse sur un caillou, caché sous des feuilles. Ce n'est pas grave. Valérie se relève et rejoint Daniel en boitillant.

■ *Dictée :*

Il y a des abeilles dans le tilleul, à côté de la grille du jardin.

47

ph

une photo

un phare

= 

pha/phra	pho	phan/phon	phi/phin
			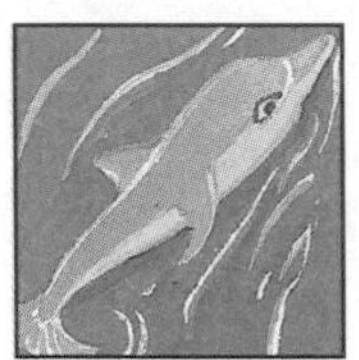
la pharmacie	le téléphone	l'éléphant	un dauphin
l'alphabet	un phoque	le scaphandrier	amphibie
une phalange	le photographe	un siphon	la philosophie
une phrase	le saxophone		du raphia

1. Sophie connaît toutes les lettres de l'alphabet.

2. Philippe téléphone à la pharmacie.

3. Au zoo, Raphaël a photographié des dauphins et des éléphants.

4. Le scaphandrier plonge à côté du phare.

5. Les philosophes écrivent de belles phrases.

Conseils parents

1. Grâce aux mots *téléphone* et *pharmacie*, très fréquents, votre enfant sait déjà que le son « f » peut s'écrire *ph* (le *h* change le *p*, comme il transforme le *c* dans *ch*).

2. Beaucoup de mots sont à expliquer : *scaphandrier, amphibie, philosophie*... L'écriture *ph* indique souvent que le mot vient du grec ancien.

À la pharmacie.

1. Le genou de Valérie saigne. Maman trouve plus prudent de conduire sa fille dans une pharmacie. Il y en a justement une en face de la grille d'entrée du parc.

2. La pharmacienne est au téléphone mais elle arrive. Elle lave la coupure avec de l'alcool et met un pansement. Valérie fait la grimace, mais ne pleure pas.

3. Ensuite, pour la distraire, Maman l'emmène devant la vitrine d'un photographe qui se trouve à côté. On y voit beaucoup de photographies d'animaux marins : des dauphins, des phoques...

4. On voit aussi une fillette blonde, photographiée en vacances au bord de la mer à côté d'un phare. C'est ma copine Sophie, dit Daniel qui a reconnu la petite fille.

■ *Dictée :*

La pharmacie est rue du Phare,
à côté du magasin de photo.

48

ail eil... = y

un éventail

le soleil

ail	eil	euil/œil	ueil/ouil

un portail	le sommeil	un écureuil	la cueillette
un chandail	un appareil	un fauteuil	l'orgueil
de l'ail	un réveil	le chevreuil	le fenouil
le travail	pareil	un œil	

1. Mireille est dans son fauteuil. Daniel la photographie avec son appareil.

2. Valérie cueille des œillets près du portail.

3. Le soleil brille. Guillaume retire son chandail.

4. Si tu as sommeil va dormir. Mais n'oublie pas le réveil !

5. Dans la forêt j'ai vu un écureuil et un chevreuil.

CONSEILS PARENTS

1. Les difficultés sont du même ordre que dans la leçon 46.

2. Expliquez un *éventail, de l'ail, le fenouil, la cueillette, des œillets, un chevreuil, du bétail.*

3. Cherchez ensemble et écrivez des verbes comme : *je travaille, je me réveille, je cueille...*

Le soleil brille.

1. Quel beau temps ! Le vent a chassé les nuages et le soleil brille de nouveau. Papa et Maman s'installent dans leurs fauteuils près du portail.

2. Daniel retire son chandail et le met sur le banc. Le soleil taquine Valérie et l'oblige à fermer un œil. Maman lui donne un bon conseil : mets tes lunettes de soleil et ton chapeau de paille. Elle-même ouvre son éventail.

3. Un écureuil apparaît dans le feuillage d'un chêne. Maman sort vite son appareil photographique, mais l'a-nimal a déjà disparu.

4. Valérie a cueilli des fleurs. Quelle merveille ! Il y a longtemps qu'il n'a pas fait un temps pareil !

■ *Dictée :*

Le papa de Mireille a du travail.

Il doit donner de la paille au bétail.

49

un taxi

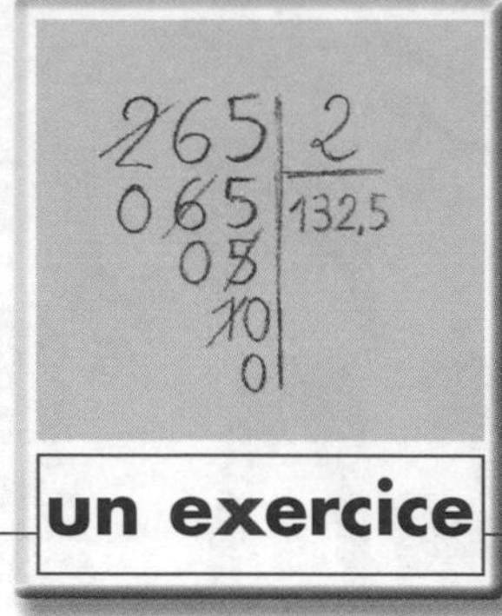

un exercice

x = ks	x = gz	x = s/z	(x)
	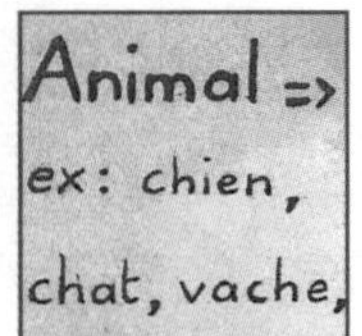		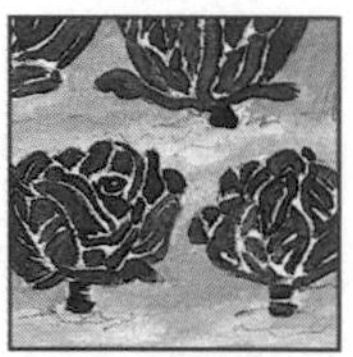
la boxe	un exemple	six	des choux
l'explorateur	un examen	dix	c'est faux
une explosion	exact	deuxième	une noix
extraordinaire	exagéré	dixième	la paix

1. Alex est un excellent élève. C'est le deuxième de la classe.
2. Max et Xavier font de la boxe avec Alexandre.
3. Papa rentre en taxi. Quel luxe ! C'est exceptionnel.
4. La maîtresse examine nos exercices de calcul.
5. Six plus quatre égale dix. C'est exact !

Conseils parents

1. La lettre *x* produit plusieurs sons. Elle peut aussi être muette. Le son « ks » de *taxi* est le plus fréquent.
2. Beaucoup de mots sont difficiles à expliquer. Les mots qui s'écrivent avec *x* indiquent souvent que le mot vient du latin ou du grec ancien : *examen, excursion, excités…*
3. Attention à la prononciation de *examen*, et à la prononciation différente du *x* dans *six* et *sixième*.

Une excursion extraordinaire.

1. Daniel et Valérie partent en excursion avec la chorale de l'école. Ils partent en train. C'est extraordinaire ! Les enfants chantent au son de l'accordéon de Félix et de la trompette de Xavier.
2. Maintenant les enfants se promènent. Ils sont un peu excités. Max pousse Valérie qui glisse sur un caillou, un silex coupant. Valérie s'écorche la main. Excuse-moi, Valérie. Je ne l'ai pas fait exprès, dit Max un peu vexé. Tu exagères de pleurer pour si peu, remarque Daniel, qui ne manque pas une occasion de taquiner sa sœur.
3. La maîtresse examine la main de Valérie. Ce n'est pas grave, dit la maîtresse. Nous n'aurons pas besoin d'appeler un taxi pour te ramener à la maison.

■ *Dictée :*

Il y a eu une explosion extraordinaire.

Les pompiers arrivent avec un extincteur.

50

ay oy...

un rayon

un noyau

= ii

ay	oy	uy	ey
	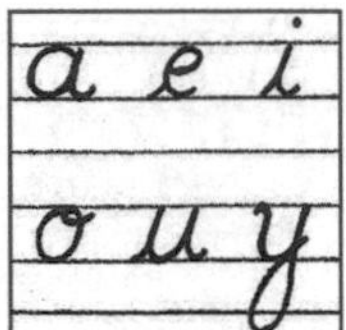		
un paysan	les voyelles	un tuyau	asseyez-vous
une balayette	un moyen	du gruyère	
payant	joyeux	la bruyère	
la mayonnaise	un employé	essuyer	

1. Le paysan va balayer la cour de la ferme.
2. Le noyer a perdu toutes ses feuilles.
3. Aujourd'hui Yann a mangé du poisson avec de la mayonnaise.
4. Yolande taille son crayon et écrit les voyelles.
5. Un employé poinçonne les billets des voyageurs.

Conseils parents

1. Dans cette leçon, on voit que *y* peut être égal à *i* + *i*. Par exemple *moyen* se prononce comme *moi-ien* et *paysan* comme *pai-isan*.
2. Expliquez *bruyère, employé*.
3. La page 112 propose un texte qui doit vous inciter avec votre enfant à la lecture de contes, de récits, d'albums. N'oubliez pas que c'est en lisant ensemble le plus souvent possible que votre enfant deviendra bon lecteur.

Un joyeux retour.

1. Les enfants sont revenus de l'excursion. Le voyage de retour a paru court aux enfants. C'est à peine s'ils ont eu le temps de regarder le paysage. Ils ne se sont pas du tout ennuyés.

2. Au début, le bruit de la chorale a un peu effrayé les voyageurs. L'employé a même essayé de les faire taire. Mais les enfants étaient si drôles, que bientôt tout le monde les a applaudis. Le voyage s'est joyeusement terminé.

3. Le train s'arrête enfin. Des paysans descendent du train, les enfants les suivent. Valérie et Daniel aperçoivent le toit de leur maison. Un rayon de soleil égaye leur arrivée.

■ *Dictée :*

Daniel et Valérie rentrent de voyage. Ils sont joyeux. Ils ont envoyé des cartes à leurs amis.

La joie de lire.

Quelle joie ! Notre livre de lecture est terminé.

Maintenant, s'écrie Valérie, je pourrai lire toute seule les belles histoires qui sont dans les livres. Je connaîtrai les aventures de l'ogre et du petit Poucet, de l'éléphant Babar et du Chat botté.

Et chaque soir, en rentrant de l'école, je pourrai lire un nouvel album.

Et moi, dit Daniel, je pourrai lire le journal comme les grandes personnes. Je lirai aussi toutes sortes de livres avec des documents sur l'espace et sur tous les pays du monde. Je lirai même des bandes dessinées – Tintin, Astérix... – comme mon grand cousin Jean-Baptiste.

Daniel et Valérie sont tout excités et heureux. Maintenant qu'ils lisent bien, ils savent qu'ils vont découvrir plein de choses.